Wolfgang Raible

100 Kurzansprachen

Wolfgang Raible

# 100 Kurzansprachen

## Treffsichere Impulse für Gottesdienst und Gemeindearbeit

Mit CD-ROM

FREIBURG · BASEL · WIEN

2. Auflage 2010
© Verlag Herder GmbH, Freiburg im Breisgau 2009
Alle Rechte vorbehalten
www.herder.de

Umschlaggestaltung: Finken & Bumiller
Umschlagmotiv: Arrows in an archery target © Pauline St.Denis/ Corbis

Satz und CD-ROM-Gestaltung: SatzWeise, Föhren
Herstellung: fgb · freiburger graphische betriebe
www.fgb.de

Gedruckt auf umweltfreundlichem, chlorfrei gebleichtem Papier
Printed in Germany

ISBN 978-3-451-31067-6

# Inhaltsverzeichnis

**Vorwort** . . . . . . . . . . . . . . . . . . . . . . 13

**Die sanfte Revolution** . . . . . . . . . . . . . . . 15
    Adventszeit

›Wach-Meister‹ werden . . . . . . . . . . . . . . . . 15
    *(Aufgeweckt Christ sein)*

Adventliche Gymnastik . . . . . . . . . . . . . . . . 18
    *(Beweglich werden)*

Den Friedenstraum weiterträumen . . . . . . . . . . . 19
    *(. . . und die Wirklichkeit verändern)*

Damit Weihnachten nicht blendet . . . . . . . . . . . 21
    *(Sich auf die Begegnung mit Jesus vorbereiten)*

Neue Saiten . . . . . . . . . . . . . . . . . . . . . 22
    *(Sich einstimmen auf Weihnachten)*

Ein Adventskalender mit drei Bildern . . . . . . . . . 24
    *(Unterwegs sein wie Maria)*

Kerzen und Gebete . . . . . . . . . . . . . . . . . . 26
    *(Rebellieren gegen die »Besatzungsmächte« in uns)*

Bild mit Wechselrahmen . . . . . . . . . . . . . . . 28
    *(Gott kommen lassen)*

Mach einen Umweg! . . . . . . . . . . . . . . . . . . 31
    *(Zeit gewinnen)*

**Die Zeit der Wünsche** . . . . . . . . . . . . . . . 33
    Weihnachtszeit

Der ›krippale‹ Infekt . . . . . . . . . . . . . . . . 33
    *(Sich von Weihnachten anstecken lassen)*

Ein Wunschzettel vom Christkind . . . . . . . . . . . 35
    *(Entdecken, was Jesus uns ans Herz legt)*

Die Klage der Christbäume . . . . . . . . . . . . . . . . . . 37
*(Im Brauchtum die Weihnachtsbotschaft finden)*

Jesus – mein Juwelier . . . . . . . . . . . . . . . . . . . . . 38
*(Die Kostbarkeiten des neuen Jahres erkennen)*

Handgepäck fürs neue Jahr . . . . . . . . . . . . . . . . . 40
*(Wertvolles und Nützliches für die Lebensreise auswählen)*

Sinnsuche à la carte . . . . . . . . . . . . . . . . . . . . . . 42
*(Die großen Fragen des Lebens nicht aus den Augen verlieren)*

Keine Macht den Zeit-Dieben! . . . . . . . . . . . . . . . 44
*(Im Augenblick leben)*

Flüsterpropaganda . . . . . . . . . . . . . . . . . . . . . . . 46
*(Eine Weihnachtspyramide erzählen lassen)*

»Binde deinen Karren an einen Stern!« . . . . . . . . . . 47
*(Mit Zielen leben)*

Wir suchen mit Ihnen… . . . . . . . . . . . . . . . . . . . 50
*(Sich an Jesus orientieren)*

**Der etwas andere Frühjahrsputz** . . . . . . . . . . . . . 53
*Fastenzeit*

Aus-Zeit . . . . . . . . . . . . . . . . . . . . . . . . . . . . . . 53
*(Atemholen und Auftanken)*

Fenster putzen . . . . . . . . . . . . . . . . . . . . . . . . . 54
*(Das Leuchten Gottes in der Welt nicht verhindern)*

Hungerstreik . . . . . . . . . . . . . . . . . . . . . . . . . . 57
*(Die ›Verfettungen‹ der Seele abbauen)*

Komm zu dir, Odysseus! . . . . . . . . . . . . . . . . . . . 58
*(Bei sich selbst einkehren)*

Ein langer Bremsweg . . . . . . . . . . . . . . . . . . . . . 60
*(Die Langsamkeit entdecken)*

Von den Instrumentenstimmern lernen . . . . . . . . . 62
*(Mit sich, den anderen und Gott in Einklang kommen)*

Eine Kur gegen die Schlafkrankheit der Seele . . . . . . **64**
*(Abwehrkräfte gegen Bequemlichkeit und
Oberflächlichkeit mobilisieren)*

## Das Geschenk der Freiheit . . . . . . . . . . . . . . . . . . . **66**
*Osterzeit*

Tote reden nicht! . . . . . . . . . . . . . . . . . . . . . . . **66**
*(Dem Auferstandenen begegnen)*

Oster-Auge, sei wachsam! . . . . . . . . . . . . . . . . . **68**
*(Neues Leben im Blick haben)*

Herr K. und die Auferstehung . . . . . . . . . . . . . . . **70**
*(Österliche Haltung bewahren)*

Georg Friedrich Händels Auferstehung . . . . . . . . . . **72**
*(Ostern am eigenen Leib erfahren)*

Revolutionär? . . . . . . . . . . . . . . . . . . . . . . . . . **74**
*(Prüfen und vertrauen)*

Skizzen einer österlichen Kirche . . . . . . . . . . . . . **76**
*(Den Osterglauben überzeugend leben)*

Mundwerk und Handarbeit . . . . . . . . . . . . . . . . . **78**
*(Anpacken – und dann reden)*

›Anstößige‹ Himmelfahrtsbilder . . . . . . . . . . . . . . **80**
*(Die Fußspuren Jesu entdecken und in seine
Fußstapfen treten)*

Johannes in der Talkshow . . . . . . . . . . . . . . . . . . **83**
*(Mit Jesus das Leben gewinnen)*

Pass auf! Sie beten wieder . . . . . . . . . . . . . . . . . **86**
*(Die Hände falten – aber nicht in den Schoß legen)*

Ein Webfehler und der Heilige Geist . . . . . . . . . . **88**
*(Die eigenen Muster unterbrechen lassen)*

Herzlichen Glückwunsch! . . . . . . . . . . . . . . . . . **90**
*(Der Kirche gratulieren – und zu einer Kur raten)*

Ein Fahrstuhlführer aus Babel erzählt … . . . . . . . . **92**
*(Auf dem Boden bleiben)*

**Die großen ›Unterbrechungen‹** .............. 95
*Hochfeste und Feste im Kirchenjahr*

Für Spätzünder .......................... 95
*(Darstellung des Herrn)*

Schmunzeln – und nachdenken ............... 97
*(Verkündigung des Herrn)*

Scotland Yard und der Dreifaltige Gott .......... 99
*(Dreifaltigkeitssonntag)*

Attraktion, Demonstration oder Provokation ...... 101
*(Fronleichnam)*

Gipfeltreffen ............................ 102
*(Verklärung des Herrn)*

Das große Plus .......................... 104
*(Kreuzerhöhung)*

Dann sitzen sie fröhlich zusammen ............ 106
*(Allerheiligen)*

Das Schwirren des Pfeiles ................... 109
*(Allerseelen)*

Ein Soldat denkt nach ..................... 111
*(Christkönigssonntag)*

**Die besonderen Anliegen** ................. 114
*Thematische Sonntage im Jahreskreis*

Nicht nur für Lämmer und Elefanten ... .......... 114
*(Bibelsonntag)*

Ansprechend – und anspruchsvoll ............. 116
*(Bibelsonntag)*

Bunte Farben, reiche Schätze, sprudelnde Quellen ... 118
*(Bibelsonntag)*

Partitur und klingende Musik ................ 120
*(Weltgebetstag für Geistliche Berufe)*

Pfadfinder, Schatzsucher und Brandstifter ........ 122
*(Weltgebetstag für Geistliche Berufe)*

Museumswärter oder Gärtner? . . . . . . . . . . . . . . . . 125
   *(Erntedank)*
Mit gemischten Gefühlen . . . . . . . . . . . . . . . . . . . . 127
   *(Erntedank)*

**Die frohen und schweren Zeiten** . . . . . . . . . . . . . . 129
   Anlässe im weltlichen Jahreskreis
Zwischenruf eines alten Narren . . . . . . . . . . . . . . 129
   *(Fastnacht)*
Himmlische Freude auf menschlichen Gesichtern . . . 132
   *(Fastnacht)*
Humoris Causa . . . . . . . . . . . . . . . . . . . . . . . . . . 134
   *(Fastnacht)*
Was erlauben Sie sich eigentlich? . . . . . . . . . . . . . 136
   *(Urlaub)*
Langsamer gehen . . . . . . . . . . . . . . . . . . . . . . . . 137
   *(Urlaub)*
Da beißt keine Maus einen Faden ab . . . . . . . . . . . 140
   *(Urlaub)*
Langsamer – Tiefer – Näher . . . . . . . . . . . . . . . . . 142
   *(Sport)*
Meine verehrten Trauergäste … . . . . . . . . . . . . . . 145
   *(Totenmonat November)*
Der tanzende Tod . . . . . . . . . . . . . . . . . . . . . . . . 147
   *(Totenmonat November)*

**Das kleine Glaubens-ABC** . . . . . . . . . . . . . . . . . . 149
   Impulse für den Alltag

**Jesus** . . . . . . . . . . . . . . . . . . . . . . . . . . . . . . . . 149
Jesus, der Arzt – und eine ärztliche Kirche . . . . . . . . 149
   *(In der Praxis Jesu ›Sprechstundenhilfe‹ werden)*
Der Meistercoach . . . . . . . . . . . . . . . . . . . . . . . . 151
   *(Sich von Jesus beraten lassen)*

Jesus und Murphy's Gesetze . . . . . . . . . . . . . . . . 153
*(Anderen ihr Glück gönnen)*
Der ›Herz-Optiker‹ . . . . . . . . . . . . . . . . . . . . . . 156
*(In die ›Seh-Schule‹ Jesu gehen)*

## Kirche . . . . . . . . . . . . . . . . . . . . . . . . . . . . . . 157

Nachdenkliches aus dem Freibad . . . . . . . . . . . 157
*(Kirche – Ort der Gesprächsbereitschaft?)*
Neue Wege . . . . . . . . . . . . . . . . . . . . . . . . . . . 159
*(Kirche – Christen mit einem riskanten Traum?)*
Unerträglich . . . . . . . . . . . . . . . . . . . . . . . . . . 161
*(Kirche – offen nach beiden Seiten?)*
Eine fast biblische Geschichte . . . . . . . . . . . . . . 162
*(Kirche – Heimat für beide Söhne?)*
So ein Esel . . . . . . . . . . . . . . . . . . . . . . . . . . . 164
*(Kirche – Gemeinschaft aus Störrischen und Geduldigen?)*
Ein starkes Stück . . . . . . . . . . . . . . . . . . . . . . . 165
*(Kirche – Vorführraum mit Mängeln?)*

## Christliche Lebenspraxis . . . . . . . . . . . . . . . . 168

Gesundheit! . . . . . . . . . . . . . . . . . . . . . . . . . . 168
*(Sensibel werden)*
In der ›Gottes-Schule‹ . . . . . . . . . . . . . . . . . . . 169
*(Den Glauben lernen I)*
Kopf-Hörer, Herz-Schritt-Macher und Hand-Werker . . 172
*(Den Glauben lernen II)*
Alles andere als ›Peanuts‹! . . . . . . . . . . . . . . . . 174
*(Unausgesprochene Fragen aufspüren)*
Beten ist . . . . . . . . . . . . . . . . . . . . . . . . . . . . . 176
*(Das Gespräch mit Gott suchen)*
Die Eintrittskarte . . . . . . . . . . . . . . . . . . . . . . 178
*(Not wenden)*

Das Lied vom Liebeskummer Gottes . . . . . . . . . . . . 179
   (Sich provozieren lassen)
Riese und Zwerg . . . . . . . . . . . . . . . . . . . . . . . . . 182
   (Durchblicken)
Mein Freund ZETT . . . . . . . . . . . . . . . . . . . . . . 184
   (Kritisch und großzügig bleiben)
Wer hören will, muss fühlen … . . . . . . . . . . . . . . 186
   (Sich von Jesus berühren lassen)
Vielleicht bin ich doch noch zu retten . . . . . . . . . . 188
   (Loslassen)
›Ganoven-Ehre‹ . . . . . . . . . . . . . . . . . . . . . . . . 190
   (Kreativität entfalten)
Warum nicht? . . . . . . . . . . . . . . . . . . . . . . . . . 192
   (Von lebendigen Gemeinden träumen)
Christliches Outfit . . . . . . . . . . . . . . . . . . . . . . 195
   (Haut-nahen Kontakt zu Jesus haben)
Der Korb ruft . . . . . . . . . . . . . . . . . . . . . . . . . 197
   (Spenden)
Die etwas andere Harmonielehre . . . . . . . . . . . . 199
   (Den Akkord der Gottes-, Nächsten- und Selbstliebe
   zum Klingen bringen)
Dienst-Geheimnis . . . . . . . . . . . . . . . . . . . . . . 201
   (Sich mit Freude für andere engagieren)
Gefährliche Landkarten … . . . . . . . . . . . . . . . . 202
   (Probieren – nicht kopieren)
Kletter-Künstler . . . . . . . . . . . . . . . . . . . . . . . 204
   (Phantasievoll Christ sein)
Letzte Worte . . . . . . . . . . . . . . . . . . . . . . . . . 206
   (Bilanz ziehen)
Schlafen Sie gut! . . . . . . . . . . . . . . . . . . . . . . . 207
   (Vertrauen und gelassen sein)

**Die klingende Musik unseres Glaubens** . . . . . . . . . . . **209**
*Heilige, Selige und vorbildliche Christen*

Nachts im Dom . . . . . . . . . . . . . . . . . . . . . . . . . . 209
*(Petrus und Paulus)*

Aussteiger . . . . . . . . . . . . . . . . . . . . . . . . . . . . 211
*(Petrus)*

Er war kein Licht . . . . . . . . . . . . . . . . . . . . . . . . 213
*(Jean-Marie Vianney – der Pfarrer von Ars)*

Schneide den Mantel so zu, dass er dem Menschen passt! 214
*(Franz Xaver)*

Verborgene Gewänder . . . . . . . . . . . . . . . . . . . . 216
*(Thomas Morus)*

## Vorwort

Darf ich Ihnen, bevor Sie mit der Lektüre dieses Buches beginnen, noch kurz meine drei wichtigsten Predigtlehrer bzw. -lehrerinnen vorstellen?

Der erste, ein weiser Chinese, begleitet mich bis heute mit einem einzigen guten Rat. Nein, es ist weder Kung Fu Tse (Konfuzius) noch Lao Tse – er heißt: Ny Tsu Lang! Er hat mir über die Schulter geschaut und dafür gesorgt, dass die »Worte zum Sonntag«, die ich für die Katholische Nachrichten Agentur (KNA) schreiben durfte, seinem Namen alle Ehre machten – also ›nie zu lang‹ wurden. Und er hat kritisch auf die Uhr geblickt, wenn ich an einer »Fünf-Minuten-Predigt« saß, die im »Anzeiger für die Seelsorge« erscheinen sollte. Viele dieser kurzen Texte werden Sie auf den folgenden Seiten entdecken.

Meine zweite Lehrerin treffe ich jedes Jahr an Silvester: Miss Sophie, die alte Lady im legendären »Dinner for one«. Ihr ständig wiederholtes »The same procedure as every year« ist mir eine Warnung und reizt mich zum Widerspruch. Ich möchte die alten Wahrheiten unseres Glaubens immer wieder neu sagen – überraschend, unkonventionell, abwechslungsreich. Und ich hoffe, die eine oder andere Kurz-Ansprache macht auch Sie neugierig auf bekannte Bibelstellen und auf die klassischen Feste des Kirchenjahres.

Hanns Dieter Hüsch, der große Kabarettist, hat mich gelehrt, dass Humor und Glaube sich nicht ausschließen, und dass Verkündigung im guten Sinn ›unterhaltsam‹ sein kann. Er wollte »ein stillvergnügter Clown sein …, ein klitzekleiner Spaßmacher in unserer dunklen Welt«, der mit seinen Geschichten und Gedichten sowohl zum Schmunzeln als auch zum Nachdenken anregte. Vielleicht spüren Sie noch etwas von der Freude, mit der manche Impulse dieses Buches geschrieben wurden.

Mit kurzen, überraschenden und humorvollen Gedanken möchte ich Sie durch die Festzeiten und den Alltag des Kirchenjahrs begleiten. Wenn Sie bei der Lektüre Ideen für eine Predigt, für eine Gottesdienst-Einführung, für eine Meditation, für einen Artikel im Gemeindebrief oder für eine Besinnung im Kirchengemeinderat bekommen, haben meine Predigtlehrer bzw. -lehrerinnen gute Arbeit geleistet...

*Wolfgang Raible*

# Die sanfte Revolution

*Adventszeit*

## ›Wach-Meister‹ werden
*(Aufgeweckt Christ sein)*

Aufwachen und aufstehen – mit diesem Appell werden wir jedes Jahr in die Adventszeit und in ein neues Kirchenjahr geschickt. Dass wir diesen Appell von Zeit zu Zeit brauchen, möchte uns der indische Jesuit Anthony de Mello eindringlich und humorvoll zugleich erklären: »Vor einiger Zeit hörte ich im Radio … von einem Mann, der an die Zimmertür seines Sohnes klopft und ruft: ›Jim, wach auf!‹ Jim ruft zurück: ›Ich mag nicht aufstehen, Papa.‹ Darauf der Vater noch lauter: ›Steh auf, du musst in die Schule!‹ ›Ich will nicht zur Schule gehen.‹ ›Warum denn nicht?‹ fragt der Vater. ›Aus drei Gründen‹, sagt Jim. ›Erstens ist es so langweilig, zweitens ärgern mich die Kinder, und drittens kann ich die Schule nicht ausstehen.‹ Der Vater erwidert: ›So, dann sag' ich dir drei Gründe, wieso du in die Schule musst: Erstens ist es deine Pflicht, zweitens bist du 45 Jahre alt, und drittens bist du der Klassenlehrer.‹«

Aufwachen und aufstehen – de Mello weiß, dass wir alle mit diesem Jim verwandt sind und vor dem Schlaf der Bequemlichkeit, der Oberflächlichkeit, der Interesselosigkeit nicht gefeit sind; und dass wir hellwach sein müssen, wenn wir das Anklopfen Gottes hören möchten und entdecken wollen, was Leben im Sinn Jesu für uns persönlich bedeutet. Mit Anthony de Mello möchte ich für ein waches und aufgewecktes Christsein werben und drei Vorschläge machen.

Der erste: Weck den Träumer in dir!

Finde dich nicht ab mit einer Welt, in der Habgier, Gewalt und Hass die Oberhand behalten! Mal' die Zukunft aus, die du für dich und für uns alle wünschst! So paradox es klingt: Wir brauchen unsere Träume zu einem bewussten Leben und wachen Christsein. Wenn der Prophet Jesaja nicht von einem jungen Trieb geträumt hätte, der völlig unerwartet aus einem abgehackten Baumstumpf wächst, wäre sein Volk in Resignation und Lethargie versunken. Wenn Jesus nicht seine Vision vom Reich Gottes in Geschichten und Gleichnissen weitererzählt hätte, wären viele nicht aufgestanden zu einem neuen Leben.

Die Kerzen der Adventszeit regen uns wieder zum Träumen an. Sie stehen für unsere Sehnsucht nach Wärme und Geborgenheit, nach Harmonie und Frieden. Sie lassen die heile Welt aufscheinen, die wir uns wünschen. Und sie inspirieren uns, daran mitzubauen.

Ein zweiter Vorschlag: Weck den Detektiv in dir!

Beobachte genau, was in deiner Umgebung vor sich geht! Entwickle einen Spürsinn für Wege, die dich weiterbringen! Wache Christen sind so etwas wie Glaubens-Detektive. Sie sind neugierig: Sie suchen die Bibel ab nach Worten, die Orientierung geben, die trösten und ermutigen. Sie recherchieren und kombinieren: Sie nehmen die Spur Jesu auf und bringen seine Ideen mit ihrem Leben in Verbindung. Sie versuchen herauszufinden, wo und wie Gott ihnen begegnen will, und was er mit ihrem Leben vorhat.

Die Kerzen der Adventszeit regen uns wieder zur Spurensuche an. Sie helfen, unser Leben auszuleuchten und darin ›Fingerabdrücke‹ Gottes zu entdecken. Sie bringen uns zur Ruhe, damit wir lauschen, in uns hineinhören und wahrnehmen können, was Gott aus unserem Leben machen will.

Und der dritte Vorschlag: Weck den Spieler in dir! Setze einen Akzent gegen die Hektik und Geschäftigkeit in deiner Umgebung! Bring gegen alle Verkrampftheit und Verbissenheit deine Heiterkeit und Gelassenheit ins Spiel! Spiel' deine Fähigkeiten aus, um die Welt ein wenig menschlicher zu machen! So widersprüchlich das klingt: Zu einem ernsthaften Christsein gehört spielerischer Charme. Wer davon überzeugt ist, dass er als erlöster und befreiter Mensch leben darf, der kann die Welt als Spiel Gottes sehen; der kann seine ›Schlafmünzen‹, seine schlummernden Talente wecken und mit den Gaben spielen, die ihm geschenkt sind; der kann sich für andere einsetzen, deren Freiheit und Würde auf dem Spiel steht.

Die Kerzen der Adventszeit regen uns wieder zum Singen, Musizieren und Spielen an. Sie lassen uns ahnen, dass auch uns mit dem Kommen Jesu eine Last abgenommen ist, dass wir erleichtert, gelöst und dankbar leben dürfen. Und sie ermuntern uns, unser eigenes Licht leuchten zu lassen und andere mit unserer Freude anzustecken.

Aufwachen und aufstehen, ›Wach-Meister‹ werden und nicht wie unser Jim aus der de Mello-Geschichte liegen bleiben, die Decke über den Kopf ziehen und die Lebensreise im Schlafwagen verbringen – das ist das Thema der Adventszeit.

## Adventliche Gymnastik
*(Beweglich werden)*

In seinem Buch »Die Wasserträger Gottes« erzählt der jüdische Schriftsteller Manes Sperber, wie sehr die armen Bewohner seines Heimatstädtchens das Kommen des Messias herbeigesehnt hätten. Der Großvater sei oft vom kargen Essen aufgesprungen und auf einen nahen Hügel gerannt, um nach ihm Ausschau zu halten. Und die Kinder hätten geübt, so lange wie möglich auf den Händen zu stehen und zu gehen. Sie hatten nämlich gelernt, dass der Messias, wenn er kommt, die Welt auf den Kopf stellt – und den Ungeübten würde das, so glaubten sie, viele Schwierigkeiten bereiten. ›Messianische Gymnastik‹ nannten die Kinder ihr Spiel.

Wenn wir uns für die Adventszeit wünschen, dass Jesus neu bei uns ankommt, dann könnten wir von diesen Kindern einiges lernen. Als adventliches Trainingsprogramm für Erwachsene schlage ich vor:

Lockerungsübungen für den Mund: damit ich ihn im rechten Augenblick schließen, damit ich schweigen und still werden kann – denn im Lärm und in der Geschwätzigkeit findet Jesus keinen Zugang zu uns.

Damit ich meinen Mund aber auch öffnen kann, wo es nötig ist; damit ich ein mündiger Christ werde, der für andere gute Worte findet. Ehrliche, überzeugende, tröstende und aufbauende Worte – denn Jesus will auch durch unsere Worte zur Welt kommen.

Lockerungsübungen für die Augen: damit ich sie schließen kann, wenn ich von Bildern und Eindrücken überflutet werde. Damit ich immer wieder nach innen schauen kann – denn so entdecke ich vielleicht die Spur Jesu in meinen Hoffnungen und Enttäuschungen, in meinen Gefühlen und in meinem Nachdenken. So lerne ich vielleicht, mit dem Herzen zu sehen.

Damit ich meine Augen aber auch weit aufmachen kann. Damit ich wach bin für das, was um mich herum geschieht, und hellsichtig für andere, die mich brauchen – denn Jesus begegnet mir auch in den Menschen, die er mir auf den Weg stellt.

Lockerungsübungen für die Ohren: Damit ich sie offen halten kann für das, was andere mir sagen und mich fragen wollen. Damit auch die Zwischentöne und die leisen Töne noch bei mir ankommen – denn die Stimme Jesu ist nie laut und schrill.

Damit ich meine Ohren aber auch im rechten Augenblick schließen kann. Damit ich in mich hineinhöre und erfahre, was an Stimmungen und Gedanken in mir ist – denn so höre ich vielleicht die Lebensmelodie, die Jesus mir zuspielt, die Saiten, die er in mir zum Klingen bringt.

Adventliche Gymnastik, Lockerungsübungen für Mund, Augen und Ohren – damit wir ein wenig beweglicher werden in diesen Tagen ...

### Den Friedenstraum weiterträumen ...
*(... und die Wirklichkeit verändern)*

Die Welt, in die wir hineingeboren werden, hält viele Stoffe und Dinge für uns bereit. Wir können sie gebrauchen – für einen guten Zweck oder mit bösen Absichten. Ob etwa aus dem Eisenerz, das wir finden, Todeswerkzeuge entstehen oder Instrumente, die uns zum Leben helfen, liegt in unserer Entscheidung.

Wir hätten Frieden, wir hätten alle zu essen und zu trinken, wenn anstelle von Waffen Geräte für die Landwirtschaft hergestellt würden. Und die Schwerter und Lanzen, mit denen jetzt noch Kriege geführt werden, könnte man doch zu Pflugscharen und Winzermessern umschmieden. So hat vor über 2500 Jahren in Israel einer geträumt, der sich mit der Welt, in der er leben musste, nicht abfinden wollte *(Jes 2,4)*.

Diesen Traum möchte ich weiterträumen: In meine Muttersprache zum Beispiel bin ich hineingewachsen. Ob ich ihre Worte als Waffen gegen andere oder als Brücken zu anderen gebrauche, liegt an mir. Es wäre ein unverkrampfteres Zusammenleben möglich, wenn ich, statt mit meinen Worten andere mundtot zu machen, sie zu überfahren oder niederzureden, Worte finden würde, die verbinden, trösten und aufbauen; wenn es mir gelänge, verletzende Worte, die noch zu meinem Vokabular gehören, mit der Zeit durch versöhnende zu ersetzen.

Ich habe auch gelernt, meine Hände zu benützen. Ob ich sie zur Abwehr gegen andere oder zur Kontaktaufnahme mit anderen gebrauche, kann ich selbst entscheiden. Es könnte harmonischer aussehen in meiner Umgebung, wenn ich mit meinen Händen, statt zu drohen oder abzuweisen, andere führen, stützen oder einladen würde; wenn meine Hände öfters helfend zupacken würden; wenn es mir gelänge, meine Hände wieder zur Versöhnung zu öffnen, wo andere mich schlecht behandelt haben.

Solche Träume möchte ich in der Adventszeit wieder neu träumen – den Traum der Pflugscharen und Winzermesser, den Traum der guten Worte und den Traum der offenen und helfenden Hände. Ich möchte sie träumen beim Schein der Kerzen, und ich möchte von ihnen singen in den adventlichen Liedern, weil ich weiß, dass nur diese Träume – von immer mehr Menschen geträumt – die Wirklichkeit verändern können.

## Damit Weihnachten nicht blendet
*(Sich auf die Begegnung mit Jesus vorbereiten)*

Ich schließe unwillkürlich die Augen, wenn am Ende eines Films im Kino plötzlich alle Lichter eingeschaltet werden ... Meine Augen tun mir weh, wenn ich nach einer langen Fahrt im Tunnel unvermittelt wieder dem grellen Sonnenlicht ausgesetzt bin ... Es fällt mir schwer, den Kurs zu halten, wenn mir nachts ein Wagen mit voll aufgeblendeten Scheinwerfern entgegenkommt ...

Meine Augen brauchen Zeit, von Dunkel auf Hell umzuschalten, sie müssen sich langsam an das Licht gewöhnen.

Der Adventskranz mit dem sich steigernden Licht der vier Kerzen will andeuten: Auch das Licht des Weihnachtsfestes bedarf einer Gewöhnungszeit. Auch auf den, dessen Geburtstag wir feiern und den wir Christen ›das Licht der Welt‹ nennen, muss ich mich einstellen und vorbereiten.

Es dauert seine Zeit, bis ich spüre und zugeben kann, dass ich dieses Licht brauche, dass ich mich nach Gerechtigkeit und Frieden sehne, dass ich auf Orientierung, Wärme und Geborgenheit angewiesen bin, dass ich mir das Entscheidende im Leben nicht machen, sondern nur schenken lassen kann.

Es dauert seine Zeit, bis ich mich mit dem Gedanken anfreunden kann, dass wir einen im wahrsten Sinn des Wortes ›heruntergekommenen‹ Gott haben – mit einer Vorliebe für die Armen und die Außenseiter.

Es dauert seine Zeit, bis ich mich über die Botschaft freuen kann, dass Gottes Macht in seiner Ohnmacht und Gottes Größe in einem kleinen Kind verborgen ist.

Es dauert seine Zeit, bis mir klar wird, dass Weihnachten auch durch mich Wirklichkeit werden kann, dass Jesus auch durch mich zur Welt kommt – wenn ich etwas von seinen Zielen und Idealen, von seinem Gottvertrauen und von seiner Mitmenschlichkeit in meine Umgebung hineintrage.

Ich brauche den Advent, damit ich sehen lerne, wo und wie Gott in meinem Leben ankommen will. Ich brauche den Advent, um mich auf die Begegnung mit Jesus vorzubereiten, damit ich an ihm ablesen kann, wie Gott sich echtes und überzeugendes Leben vorstellt. Ich brauche den Advent, die Zeit des langsam wachsenden Lichts – damit Weihnachten nicht blendet ...

### Neue Saiten
*(Sich einstimmen auf Weihnachten)*

In einer Ecke meines Wohnzimmers steht seit vielen Jahren eine Gitarre. Wenn ich längere Zeit nicht auf ihr spiele, verstimmt sie sich. Die Saiten verlieren ihre Spannung, und ich muss das Instrument neu stimmen, bevor es wieder zu gebrauchen ist und richtig klingt.

Hans Urs von Balthasar, ein großer Theologe des letzten Jahrhunderts, vergleicht das Stimmen eines Saiteninstruments mit unserer Beziehung zu Gott: »Wenn unsere Saiten gut gespannt sind, spielt Gott schon von selbst auf unserer Seele.« Unsere Seele als Instrument, auf dem Gott spielen möchte – dieses Bild spricht mich an und reizt mich zum Weitermalen.

Mir fallen Ver-Stimmungen ein, die Gott am Spielen hindern könnten: Die Oberflächlichkeit, die uns nicht mehr zwischen Wichtigem und Unwichtigem unterscheiden lässt. Die Geschäftigkeit, die Gott im wahrsten Sinn des Wortes keinen Spiel-Raum mehr gibt. Die Gewohnheiten, die uns für Neues nicht mehr empfänglich machen. Die Enttäuschungen, die uns verbittert und verschlossen werden ließen.

Ich stelle mir vor, welche Lieder Gott in uns zum Klingen bringen will: Zum einen sind es sicher Liebeslieder, die unseren Mitmenschen Herzlichkeit und Zuneigung zuspielen. Er könnte uns freundliche Töne entlocken – Worte, die den anderen gut tun, und Gesten, die unsere Hilfsbereitschaft andeuten. Zum anderen sind es aber auch Protestlieder, die Gott durch uns anstimmen möchte. Er könnte uns eindeutige und klare Töne entlocken, wo wir Unrecht, Unterdrückung und Missstände entdecken. Er könnte kritische Töne in uns anschlagen, wo wir Egoismus und eine zunehmende Ellbogenmentalität spüren.

Mir kommt der Gedanke, dass der Advent eine günstige Zeit wäre, die Saiten unserer Seele neu zu stimmen: In Ordnung bringen, was in der Hektik unserer Tage aus dem Ruder gelaufen ist. Verstimmungen beseitigen, die wir als Ballast mit uns herumtragen. Entscheidungen treffen, die wir lange vor uns hergeschoben haben.

Die Rorate-Gottesdienste im Schein der Kerzen, das Singen der hoffnungsfrohen Adventslieder, die Feiern in der Familie um den Adventskranz, die bewussten Augenblicke der Stille und des Gebets in diesen Tagen – Adventsstimmung als Einstimmung, als Vorbereitung dafür, dass Gottes Wort wieder deutlicher in uns zum Klingen kommt. Advents-Stimmung als Ausdruck unserer Hoff-

nung, dass Gott harmonische Klänge aus unserem Leben hervorzuaubern kann.
Möchten Sie in dieser Adventszeit nicht einmal neue Saiten aufziehen?

### Ein Adventskalender mit drei Bildern
*(Unterwegs sein wie Maria)*

»Maria durch ein Dornwald ging« – ein Lied wie ein Adventskalender. Jede der drei Strophen öffnet ein Türchen und gibt den Blick frei auf ein Bild, das uns am Beispiel Marias unsere eigene Lebensreise vor Augen stellt.
Dem ersten Bild möchte ich den Titel geben: »Jenseits von Eden«.
»Maria durch ein Dornwald ging, der hat in sieben Jahr kein Laub getragen.« In der Geschichte von der Vertreibung aus dem Paradies muss Adam von Gott hören: »Unter Mühsal wirst du vom Ackerboden essen alle Tage deines Lebens. Dornen und Disteln lässt er dir wachsen ...« *(Gen 3,17f).* Das Leben ›jenseits von Eden‹ ist mühsam und beschwerlich. Die Dornen stehen für alles, was uns verletzt, was uns wehtut. Und die sieben Jahre ohne Laub deuten die unfruchtbaren und dürren Zeiten an; die leeren Phasen, die uns wie eine Ewigkeit vorkommen; die Wegstrecken, auf denen wir uns ausgebrannt und kraftlos fühlen. Der Dornwald – das ist das Gestrüpp unseres Alltags, unsere Welt mit all ihren Widerständen und Grausamkeiten; das ist – wie im Märchen die Dornenhecke – die Isolation, die Beziehungslosigkeit. Der Dornwald – das sind die dunklen Stunden, in denen wir nicht mehr durchblicken, die Zeiten, in denen wir uns verlaufen und die Orientierung verlieren.

Und Maria? – Sie ist unsere Schwester, genau wie wir unterwegs im Dornwald der Welt – ›jenseits von Eden‹.

Das Bild hinter der Tür der zweiten Strophe: »Unterwegs im Auftrag des Herrn.«

»Was trug Maria unter ihrem Herzen? Ein kleines Kindlein ohne Schmerzen.« Maria trägt Jesus aus. Sie bringt ihn – im wahrsten Sinn des Wortes – zur Welt, zu der Welt, die auch ihm die Dornenkrone aufsetzen und Wunden zufügen wird. Maria ist buchstäblich mit einem Herzensanliegen unterwegs – was ihr am Herzen liegt, ihr Kind, das nimmt sie hinein in die Welt, die oft so undurchschaubar ist wie ein dunkler Wald, so verletzend wie eine Dornenhecke. Und damit wird Maria zum Vorbild. An ihr können wir ablesen, was unser Auftrag ist: uns Jesus unter die Haut und zu Herzen gehen lassen; seine Worte zu unserem Herzensanliegen machen; seine Botschaft verinnerlichen – und dann damit zu den Menschen gehen; ihn in die Welt hineintragen; seine Vorstellungen von einem guten Leben anderen nahe bringen.

Maria zeigt uns, was Christsein heißt: Im Dornwald der Welt ›unterwegs im Auftrag des Herrn‹.

Unser Adventskalender-Lied enthält noch ein drittes Bild: »Die Zeit der Rosen«.

»Als das Kindlein durch den Wald getragen, da haben die Dornen Rosen getragen.« Wenn Jesus kommt, dann beginnt die Zeit der Rosen. Wo er hinkommt, blüht etwas auf. So wie sich vor dem Prinzen im Märchen die riesige Dornenhecke in Rosenblüten verwandelt, so bringt unser Königssohn neues Leben in die Welt. So wie der Prinz im Märchen das ganze Schloss aus seinem Dornröschenschlaf aufweckt, so weckt unser Königssohn die ganze Welt vom Todesschlaf auf. Wer mit Jesus in Berührung kommt, lebt auf. Wer ihm wirklich begegnet, spürt das Wunder der Verwandlung: der bleibt nicht blind, sondern sieht sein Leben in einem anderen Licht; der bleibt nicht taub, sondern hört plötzlich auch die leisen und bittenden Töne in seiner Umgebung; der bleibt nicht stumm, sondern wird mündig und macht den Mund auf, wo Gerechtigkeit und Wahrheit auf dem Spiel stehen.

Wenn wir mit der Botschaft Jesu im Herzen zu den Menschen gehen, dann beginnt dort, wo andere nur Dornen sehen, schon die Zeit der Rosen.

Maria – unsere Schwester in einer dornenreichen Welt jenseits von Eden.

Maria – unser Vorbild, damit wir wissen, was es heißt, im Auftrag des Herrn unterwegs zu sein.

Maria – die Frau, die uns Jesus bringt, so dass sich unser manchmal so mühsames und dürres Leben in eine Zeit der Rosen verwandeln kann.

### Kerzen und Gebete
*(Rebellieren gegen die »Besatzungsmächte« in uns)*

»Wir waren auf alles vorbereitet. Nur nicht auf Kerzen und Gebete.« – Der Kommentar eines Stasi-Generals im Fernsehfilm ›Nikolaikirche‹ zum Ende der DDR. Das Eingeständnis, dass Ideologien doch zu unterwandern und Machtapparate doch zu überrumpeln sind – mit Kerzen und Gebeten. Kerzen waren im Herbst 1989 ein Zeichen der Hoffnung, dass die Nacht einmal dem Licht weichen muss, dass Trostlosigkeit und Angst nicht die Oberhand behalten. Ein Zeichen des Protests gegen Mauern und Zäune, gegen Unterdrückung und Unfreiheit. Gebete waren damals ein Ausdruck des Vertrauens, dass Gott die Mächtigen vom Thron stürzt und die Niedrigen erhöht. Ein Ausdruck des Glaubens, dass dieser Gott Kraft zur Veränderung schenken kann.

Alle, die damals mit Kerzen durch die Straßen zogen, haben die Wahrheit eines chinesischen Sprichworts unter Beweis gestellt: »Es ist besser, ein Licht anzuzünden, als über die Dunkelheit zu klagen.« Und alle, die sich damals zum Gebet trafen, haben ein Wort Albert Schweitzers bestätigt: »Gebete ändern die Menschen, und Menschen ändern die Welt.«

Advent – alle Jahre wieder eine Zeit der Kerzen und Gebete, wieder die Möglichkeit, etwas zu verändern. Wieder die Chance zu einem gewaltlosen Aufstand, zu einer sanften Revolution – zumindest bei mir selbst. Gegen alles, was mich niederdrückt und mein Leben unfrei macht. Gegen alle, die mir einreden wollen: Da kann man nichts machen. Das lässt sich nicht ändern.

Mit jeder Kerze, die ich in dieser Adventszeit bewusst anzünde, könnte ich den Wunsch verbinden: Ich möchte etwas wachsamer werden für die vielen kleinen Hoffnungsschimmer, die täglich in mein Leben fallen – wohlwollende Blicke, aufmunternde Worte, Zeichen der Zuneigung. Und ich möchte etwas mutiger werden in meinem Protest gegen Ungerechtigkeit, gegen dunkle Machenschaften, gegen Kälte und Lieblosigkeit in meiner Umgebung.

Mit jedem Gebet, das ich spreche, mit jedem Adventslied, das ich singe, und mit jedem Gottesdienst, den ich mitfeiere, könnte ich den Wunsch verbinden: Ich möchte noch fester darauf vertrauen, dass Gott seine Verheißungen einlöst, dass sein Reich schon ganz nahe ist. Und ich möchte noch tiefer daran glauben, dass er mir die Kraft gibt zum Mitbauen an seiner neuen Welt, dass sein Friede auch durch mich Wirklichkeit werden kann. Advent – nicht nur eine Zeit sentimentaler Kindheitserinnerungen und Wochen hektischer Geschenksuche, sondern auch die Aufforderung zur Rebellion gegen die Mächte, die mich besetzen und abhängig machen. Denn auf alles sind sie vorbereitet – nur nicht auf Kerzen und Gebete.

### Bild mit Wechselrahmen
*(Gott kommen lassen)*

Ein Wechselrahmen ist etwas Praktisches: Wenn wir uns an einem Bild satt gesehen haben, können wir es problemlos aus dem Rahmen nehmen und durch ein neues ersetzen. Der Rahmen bleibt – die Bilder wechseln. Genau umgekehrt ist es mit vielen Bildern aus dem Buch Jesaja: Man kann sich an ihnen nicht satt sehen. Sie entfalten ihre Schönheit in den verschiedensten Rahmen, unter wechselnden ›Rahmenbedingungen‹. Die Bilder bleiben – der Rahmen wechselt.

Das Bild vom Straßenbau in der Wüste *(Jes 40,3–4)* gehört zu diesen zeitlosen Bildern: Gott will mit seinem Heil bei uns ankommen. Er will uns befreien aus den Tälern der Angst und von den Bergen der Schuld. Er will das Krumme und Verkrümmte in unserem Leben beseitigen und uns wieder Geradlinigkeit und Klarheit schenken. Wir müssen ihn nur hereinlassen in unsere Wüsten und Steppen. Wir müssen ihm nur eine Straße bauen, auf der er an unser manchmal so dürres und oberflächliches Leben herankommt.

Dieses Hoffnungsbild hat in verschiedenen Rahmen

seine Leuchtkraft entfaltet. Die Zeit des babylonischen Exils – das ist der Originalrahmen unseres Bildes: Die Oberschicht Israels sitzt in Babylon, der Tempel in Jerusalem ist zerstört, im Volk haben sich Resignation und Pessimismus ausgebreitet. Ein unbekannter Prophet, dessen Botschaft später in das Jesajabuch aufgenommen wurde, will Hoffnung wach halten im Volk und kündigt das Ende der Demütigung an: Gott führt uns heim, wie er uns einst aus Ägypten herausgeführt hat. Die Berge – Symbole der Macht und Unterdrückung – werden sich senken. Und die Täler – Zeichen der Ohnmacht und Verzweiflung – werden sich heben. Gott befreit uns, wenn wir zulassen, dass er uns entgegenkommt.

Die Verheißung dieses Propheten hat sich erfüllt. Die Verbannten durften in ihre Heimat zurückkehren. Aber das Hoffnungspotential unseres Bildes war damit nicht erschöpft.

Einige Jahrhunderte später entdecken die ersten Christen diese aufmunternde Vision des Jesajabuches wieder und sehen sie in Leben, Tod und Auferstehung Jesu neu erfüllt: Die Unterdrückung Israels durch die Römer, das sehnsüchtige Warten auf den Messias, das Auftreten Johannes des Täufers und die überwältigende Erfahrung, dass im Menschen Jesus von Nazareth der befreiende Gott wie nie zuvor in seiner Welt angekommen ist – in diesem Rahmen kommt das alte Bild jetzt zu neuer Geltung: Johannes der Täufer ist derjenige, der dem Messias Gottes den Weg bereitet und andere auffordert, durch ihre Umkehr mitzubauen an diesem Weg. Und in den Worten und Taten Jesu wird wie nirgends sonst deutlich, dass Gott die Berge der Schuld und die unüberwindbar scheinenden Hindernisse zwischen den

Menschen abtragen will, dass er die Täler des Ausgestoßenseins und der Mutlosigkeit beseitigen kann.

Auch in unserer Zeit – nach über 2500 Jahren – hat das farbenfrohe Bild nichts von seiner Strahlkraft verloren. Martin Luther King z. B. stellt es in den Rahmen seines gewaltlosen Kampfes gegen die Rassendiskriminierung und greift es auf in seiner berühmten Rede »I have a dream« vor 250 000 friedlichen Demonstranten in Washington: »Ich habe einen Traum, dass eines Tages auf den roten Hügeln von Georgia die Söhne früherer Sklaven und die Söhne früherer Sklavenhalter miteinander am Tisch der Brüderlichkeit sitzen können ... Ich habe einen Traum, dass eines Tages jedes Tal erhöht und jeder Hügel und Berg erniedrigt wird ... Mit diesem Glauben werde ich fähig sein, aus dem Berg der Verzweiflung einen Stein der Hoffnung zu hauen ...«

Ich wünsche mir, dass auch die Kirche unserer Tage das Bild aus Jesaja zu ihrem Leitbild wählt; dass sie ihr ganzes Tun als ›Straßenbauen‹ begreift; dass sie in den Wüsten der Menschen Wege freischaufelt für Gottes befreiende Kraft; dass sie Hindernisse beseitigt, die uns allen den Blick auf die Spuren Gottes in unserem Leben versperren. Ich wünsche mir die christlichen Gemeinden als ›Bautrupps‹ und die Christen als ›Vorarbeiter‹, damit Gott zu allen findet, die seine Nähe dringend brauchen.

Der Advent eignet sich hervorragend für solche Bauarbeiten ...

## Mach einen Umweg!
*(Zeit gewinnen)*

Wenn ich einen wichtigen Termin habe, zu dem ich unter keinen Umständen zu spät kommen möchte, dann gerate ich garantiert an eine Baustelle und muss eine Umleitung fahren. Wenn ich sowieso schon knapp in der Zeit bin, dann verlaufe ich mich auch noch und werde immer hektischer und nervöser. Dabei will ich, wenn ich in Eile bin, gerade keinen Umweg machen. Ich möchte mich durch nichts und niemanden aufhalten lassen und auf dem schnellsten Weg an mein Ziel kommen.

Ein japanisches Sprichwort rät mir aber genau das Gegenteil: »Wenn du in Eile bist, mach einen Umweg!« Ein Satz, der beim ersten Hören vielleicht etwas seltsam klingt, der aber – genauer betrachtet – eine große Hilfe sein kann. Ein Umweg bremst uns und zwingt zur Langsamkeit, nimmt uns heraus aus unserem Hasten und Rennen. Er gönnt uns eine Atempause und sorgt dafür, dass wir Zeit gewinnen. Zeit für uns selbst; Zeit, um uns innerlich einzustellen auf das, was uns am Ziel erwartet – damit wir auch wirklich ganz da sind, wenn wir ankommen.

»Wenn du in Eile bist, mach einen Umweg!« Auch ein guter Rat für alle, die gehetzt in die letzten Adventstage hineingehen. Mach einen Umweg: Auf den überfüllten Geschäftsstraßen wirst du geschoben und gedrängt – nur in den stilleren Seitenstraßen kannst du deinen Schritt verlangsamen und stehenbleiben, kannst du innehalten, Tempo und Richtung selbst bestimmen. Dort findest du vielleicht eine Kirche, in der du zur Ruhe kommst und überlegen kannst, was dir Weihnachten bedeutet. Verabschiede dich aus dem Strom derer, die dem Fest entgegenhasten, und vergiss für einige Augenblicke die vorweihnachtliche Geschäftigkeit.

Mach einen Umweg: Sicher gibt es in deiner Umgebung jemanden, der sich über einen kleinen Besuch freut, der einsam oder krank ist und gerade in dieser Zeit auf ein Zeichen der Verbundenheit wartet. Zeig, dass das Geheimnis dieser Tage ›Begegnung‹ heißt und durch kein Geschenk zu ersetzen ist.

Mach einen Umweg – auch einen Umweg nach innen: Die Kerzen am Adventskranz laden dich ein, deinem Leben auf den Grund zu gehen. Schau an, was aus deinen Hoffnungen und Zielen, was aus deinem Glauben geworden ist. Überleg dir, was du noch erwartest und wofür du dankbar sein kannst.

Wenn du an Weihnachten ganz da sein willst – mach einen Umweg!

# Die Zeit der Wünsche

*Weihnachtszeit*

### Der ›krippale‹ Infekt
*(Sich von Weihnachten anstecken lassen)*

Bald wünscht man sich wieder »Frohe oder Gesegnete Weihnachten«. Ich habe mir in diesem Jahr etwas anderes ausgedacht: Ich wünsche Ihnen einen heftigen ›krippalen‹ Infekt – dass Sie sich an der Krippe infizieren; dass Sie sich vom Kind in der Krippe anstecken lassen; dass der Mann, dessen Geburtstag wir feiern, Sie mit seiner Botschaft infiziert.

Auch diesen krippalen Infekt bekommen Sie bei Kälte – wenn Sie die Kälte in vielen menschlichen Beziehungen spüren; wenn Ihnen die Kälte des Egoismus, der Ellbogenmentalität bewusst wird; wenn Sie unter der Kälte der Freudlosigkeit Ihrer Mitmenschen leiden.

Das Ansteckungsrisiko ist aber auch groß, wenn Ihr Immunsystem nicht intakt ist – wenn Sie nicht immun sind gegen Fragen wie: »Wozu bin ich auf der Welt? Was macht mein Leben wertvoll und gut?«; wenn Sie nicht so abgehärtet sind, dass Ihnen alles gleichgültig ist.

Schnell anstecken können Sie sich auch durch den Kontakt mit schon Infizierten – wenn Sie Menschen begegnen, die begeistert sind von der Sache Jesu; denen man ansieht, dass sie als erlöste und befreite Menschen leben.

Habe ich mich vielleicht schon angesteckt? – könnten Sie jetzt fragen. Wenn Sie eines der drei folgenden Symptome an sich entdecken, sind Sie bereits durch das Kind in der Krippe infiziert:

Schwäche: Wenn Sie eine Schwäche haben für Ihre Mitmenschen; wenn Sie sich dafür interessieren, wie es ihnen geht, worunter sie leiden, was sie brauchen; wenn Sie bereit sind zu helfen, zu teilen und aufzumuntern.

Fieber: Wenn Sie fiebern und sehnsüchtig warten auf Gerechtigkeit und Frieden; wenn Sie sich sehnen nach Heilung und Hilfe, nach Begleitung und Zuwendung; wenn Sie brennend interessiert sind an einem gelingenden, sinnvollen Leben; wenn Sie immer mehr wissen wollen über Jesus und seine Vision vom Reich Gottes.

Schluckbeschwerden: Wenn Sie nicht mehr alles schlucken können, was an Ungerechtigkeit und Lieblosigkeit in Ihrer Umgebung geschieht; wenn Sie Verletzungen und Spott nicht mehr einfach wegstecken und in sich hineindrücken wollen; wenn Sie sich weigern, alles hinzunehmen, was man Ihnen an Oberflächlichem und Belanglosem vorsetzt.

Und was kann ich tun, was soll ich tun, wenn das passiert ist? – könnten Sie jetzt noch fragen. Alles, was den grippalen Infekt mit ›g‹ verhindert oder bekämpft, hilft Ihnen, den mit ›k‹ zu hegen und zu pflegen:

Zunächst einmal Inhalieren: den Geist Jesu immer mehr in sich aufnehmen; sich weiterhin erfüllen lassen von seinen Worten und Gedanken, von seinem Gottvertrauen und von seiner Menschenliebe; einen Hauch seiner Gelassenheit und Unbekümmertheit einatmen und wieder verströmen.

Dann eine gesunde Mischung finden zwischen Ruhe und Bewegung. Sich zum einen Ruhe gönnen: Momente der Stille einbauen in den Tages- und Wochenrhythmus; sich Zeit lassen fürs Gebet; durch das Mitfeiern der Gottesdienste bewusst den Alltagstrott und die Geschäftigkeit unterbrechen.

Sich zum anderen aber auch in Bewegung bringen: Aufstehen und Festgefahrenes, Erstarrtes hinter sich lassen; auf andere zugehen und ihnen mit der Offenheit und Weite Jesu begegnen; sie etwas spüren lassen von der Freude, die mit dem Kind in der Krippe in die Welt gekommen ist.

Ich kann nur hoffen, dass Sie jetzt sagen: Ja, diesen ›krippalen‹ Infekt wünsche ich mir auch. So möchte ich mit dem Kind in der Krippe in Berührung kommen und mich immer tiefer in seine Gedankenwelt und Lebensgeschichte hineinziehen lassen. Durch die Begegnung mit ihm möchte ich nicht grippe-krank, sondern krippen-gesund werden und andere mit dieser Gesundheit anstecken.

## Ein Wunschzettel vom Christkind
*(Entdecken, was Jesus uns ans Herz legt)*

Als Kind habe ich in den Tagen vor Weihnachten meinen Wunschzettel ans Christkind geschrieben, und es ist immer eine ziemlich lange Liste geworden: »Ich wünsche mir..., ich wünsche mir..., ich wünsche mir...«. Inzwischen hat sich einiges geändert: Ich habe entdeckt, dass jetzt ich jedes Jahr einen Wunschzettel vom Christkind bekomme. Meistens finde ich ihn versteckt zwischen den Zeilen der Weihnachtsgeschichte in meiner Bibel. Es kostet zwar jedes Mal etwas Mühe und Zeit, ihn richtig zu entziffern, aber manches springt auch sofort ins Auge.

Im Unterschied zu meinen Wunschzetteln heißt die Formel immer: »Ich wünsche dir …, ich wünsche dir …, ich wünsche dir …«.

In diesem Jahr sieht mein Wunschzettel vom Christkind folgendermaßen aus:

»Ich freue mich, wenn du meinen Geburtstag feierst, wenn du mit anderen zusammen singst und musizierst, wenn ihr euch gegenseitig beschenkt, wenn ihr euch in der Kirche trefft und wenn für ein paar Stunden wenigstens die Waffen ruhen. Das macht mich glücklich, aber nicht wunschlos:

Ich wünsche dir etwas mehr Sehnsucht. Sehnsucht nach Frieden, Verständnis und Versöhnung. Ich hoffe, dass dir die himmlische Verheißung ›und auf Erden ist Friede bei den Menschen seiner Gnade‹ keine Ruhe lässt, dass du überlegst, wie gerade durch dich die Welt eine Spur menschlicher werden könnte …

Ich wünsche dir etwas mehr Wachsamkeit. Wachsamkeit für die kleinen Zeichen meiner Gegenwart. Ein Kind, eine Notunterkunft – das können auch heute noch Zeichen dafür sein, dass ich ankommen will, dass ich unter euch leben will. Du wirst sicher weitere Zeichen entdecken …

Ich wünsche dir etwas mehr Neugier. Neugier auf mein ganzes Leben, Interesse daran, was aus mir, aus dem ›holden Knaben im lockigen Haar‹ geworden ist, wie ich mir das Zusammenleben der Menschen vorgestellt habe, welche Geschichten ich erzählte, wem meine Sympathien galten …

Meine Wünsche an dich sind wieder anspruchsvoll geworden, aber du wirst merken: es sind gute Wünsche.«

Dass nur ich einen solchen Wunschzettel vom Christkind bekommen habe, kann ich mir nicht vorstellen.

Vielleicht schauen Sie in diesen Tagen auch einmal nach. Lassen Sie Sich überraschen, was Sie alles zwischen den Zeilen der Weihnachtsgeschichte entdecken ...

### Die Klage der Christbäume
*(Im Brauchtum die Weihnachtsbotschaft finden)*

Die Weihnachtszeit ging langsam zu Ende, und wie in jedem Jahr trafen sich die Christbäume zu ihrer Vollversammlung. Nachts, wenn die Menschen schliefen, konnten sie in Ruhe auf die Festtage zurückblicken und Bilanz ziehen. »Es wird immer trauriger«, begann ein stämmiger Baum die Aussprache, »die meisten Leute wissen nicht mehr, warum sie uns aufstellen und schmücken. Sie singen zwar kräftig ›Heut schließt er wieder auf die Tür zum schönen Paradeis‹ – aber dass wir den Paradiesbaum, den Baum des Lebens darstellen, daran denkt kaum jemand.«

»Ganz richtig«, ergänzte eine Christbaum-Kugel und kam sofort ins Rollen, »wer ahnt denn heute noch, dass unsere Vorfahren Äpfel waren und dass wir die Früchte am Baum des Lebens repräsentieren? Je kunstvoller und schöner wir werden, desto mehr gerät unsere Bedeutung in Vergessenheit.« »Was sollen wir erst sagen«, rief ein Lebkuchen-Herz und schüttete sich aus: »Wir sollen auf die Herzlichkeit und Menschenfreundlichkeit Gottes hinweisen, die Jesus uns gezeigt hat – aber wer uns sieht, interessiert sich nur dafür, wie er uns möglichst schnell vernaschen kann.«

Eine Kerze vergoss einige Wachs-Tränen und klagte: »Auch wir wollen, dass die Menschen an Jesus denken, wenn sie uns anzünden. Wer sich an ihm orientiert, dem geht ein Licht auf, der entdeckt, was im Leben wirklich wichtig ist, der findet auch einen Weg durch die dunklen Stunden – aber wem leuchtet das heute noch ein?« Schließlich meldete sich noch ein kleiner Strohstern zu Wort: »Wer mich in Ruhe betrachtet, könnte sich von mir sagen lassen: Du wirst immer einen rettenden Strohhalm haben, weil Jesus – das Kindlein auf Heu und auf Stroh – die Not und Armut mit dir teilt. Aber für die meisten ist Weihnachten nur ein Strohfeuer, das schnell verlischt.«

So klagten die Christbäume noch eine ganze Weile, bis endlich einer kleinen Tannennadel eine Idee kam: »Es nützt doch nichts, wenn wir traurig und schmollend in der Ecke stehen und die Zweige hängen lassen. Wir Nadeln könnten doch die Leute, die uns zum nächsten Weihnachtsfest schmücken, ganz vorsichtig sticheln und anstacheln. Vielleicht spüren sie dann, dass wir eine Botschaft haben, die unter die Haut gehen will. Vielleicht werden sie dankbarer für das Leben, das Jesus ihnen neu schenkt. Vielleicht lassen sie sich anstecken zur Herzlichkeit, vielleicht sehen sie manches in einem anderen Licht, vielleicht entdecken sie neu, wie wichtig der rettende Strohhalm des Glaubens für sie ist ...«

Wenn Sie also in Zukunft von einer kleinen Tannennadel gestochen werden: Nicht ärgern, nur wundern, was Ihnen ein Christbaum so alles erzählen kann!

### Jesus – mein Juwelier
*(Die Kostbarkeiten des neuen Jahres erkennen)*

Einmal, so erzählt eine persische Sage, wanderte ein Mann am Meer entlang und fand ein Säckchen mit Steinen. Er öffnete das Säckchen, betrachtete die Steine kurz und ließ sie dann sacht durch die Finger gleiten. Gleichzeitig beobachtete er die Möwen, die auf den Wellen schaukelten, erheiterte sich an ihrem Spiel und warf dann probehalber den einen oder anderen Stein in ihre Richtung. Ein einziger Stein blieb ihm am Ende erhalten, ihn nahm er mit nach Hause. Dieser Stein aber erwies sich, bei hellem Licht betrachtet, als Edelstein. Da half kein Jammern und Weh, einen Schatz hatte er verworfen – einen Schatz, der so unvergleichlich ist wie das Leben, das uns Tag um Tag Edelsteine in die Hände legt, wenn wir sie denn als solche erkennen.

Im neuen Jahr wird uns das Leben – neben manchen schweren und harten Brocken – auch wieder Edelsteine in die Hände legen. Wir müssen sie nur entdecken. Helfen könnte uns dabei ein Experte, der mit einem Blick die echten von den falschen Steinen unterscheiden kann.

Ich möchte mir Jesus zum Juwelier wählen. Bei ihm will ich in die Sehschule gehen, und von ihm erhoffe ich eine gute Beratung, damit ich die Edelsteine meines Lebens nicht achtlos wegwerfe.

Er sagt: »Achtet auf das, was ihr hört!« *(Mk 4,24)* – Deshalb möchte ich die vielen Worte, die um mich herum gesprochen werden, genau unter die Lupe nehmen. Dann kann ich die Edelsteine unter ihnen herausfinden – Worte, die mir ein Licht aufgehen lassen; Sätze, die mich trösten und ermutigen; wertvolle Gedanken, die mir eine neue Perspektive eröffnen; Einladungen, die mir gut tun und Freude schenken; aber auch Anfragen, die mich provozieren und weiterbringen.

Mein Juwelier rät auch: »Seid wachsam! Denn ihr wisst weder den Tag noch die Stunde.« *(Mt 25,13)* – Deshalb möchte ich die Stunden, die mir im neuen Jahr geschenkt werden, wach und sorgfältig betrachten. Dann kann ich die ›Stern-Stunden‹ unter ihnen erkennen – die kostbaren Stunden der Stille, in denen ich zu mir komme und spüre, was Gott mit meinem Leben vorhat, welche Talente er mir in die Wiege gelegt hat; die Stunden der Gottesdienste, die mich bereichern, weil mir in ihnen die Frohe Botschaft unter die Haut und zu Herzen geht; die Stunden mitten im Alltag, in denen ich mich an meinem Leben freuen und dafür dankbar sein kann.

Jesus legt mir schließlich ans Herz: »Du sollst deinen Nächsten lieben wie dich selbst!« *(Mk 12,31)* – Deshalb möchte ich die Menschen, die mir in den Wochen und Monaten des neuen Jahres nahekommen, wohlwollend anschauen. Dann kann ich die ›Perlen‹ unter ihnen entdecken – Menschen, die mich mit ihrer Freundlichkeit und ihrem Lachen anstecken; Menschen, die ein offenes Ohr haben, wenn ich mit meinen Sorgen nicht allein bleiben kann; Menschen, die überzeugend und geradlinig ihren Weg gehen und mir zum Vorbild werden; Menschen, ohne die mein Leben ärmer wäre.

Ich wünsche Ihnen und mir ein gutes neues Jahr und den geschulten Blick des Juweliers, damit wir die Edelsteine der kommenden Tage – die kostbaren Worte, die wertvollen Stunden und die bereichernden Menschen – nicht achtlos durch die Finger gleiten lassen.

### Handgepäck fürs neue Jahr
*(Wertvolles und Nützliches für die Lebensreise auswählen)*

Neu und originell ist es nicht, das Leben mit einer Schiffsreise zu vergleichen – aber immer noch faszinierend und lohnend: Wir werden hin- und hergerissen wie ein Schiff, das den Wellen des Meeres ausgesetzt ist ... wir sitzen alle in einem Boot ... wir brauchen Orientierungspunkte, wenn wir ans Ziel gelangen wollen – es fällt nicht schwer, dieses Bild von der Seereise weiter auszumalen und mit konkreten Inhalten aus dem eigenen Leben zu füllen.

Der griechische Dichter Pindar hat sich bereits im 5. Jahrhundert v. Chr. Gedanken über die ›Ladung‹ gemacht, die wir in unserem ›Lebensschiff‹ mitführen müssten. »Wir sollten«, sagt er, »auf unsere Lebensreise vor allem solche Dinge mitnehmen, die bei einem Schiffbruch mit uns gerettet werden können.«

Gerade der Jahreswechsel ist für viele von uns ein Anlass, neu über das Reisegepäck nachzudenken, das wir in den kommenden Tagen und Wochen brauchen. Silvester und Neujahr stellen für uns eine Art ›Umschlagplatz‹ dar, wo wir die alte Ladung löschen und neue an Bord nehmen möchten.

Wer dem Rat Pindars folgen will, wird sich mit guten Vorsätzen nicht überladen. Er wird versuchen, ›Dinge‹ auszuwählen, die nicht so schnell untergehen, an die man sich notfalls klammern kann wie an Rettungsringe.

Ich habe mir für die Fahrt durch das neue Jahr ein kleines Handgepäck zusammengestellt:

Hoffnungen und Träume möchte ich mitnehmen – die Hoffnung zum Beispiel, dass die Bemühungen um Frieden weitergehen, den Traum, dass die Welt eine Spur menschlicher werden kann.

Hilfsbereitschaft möchte ich mitnehmen – wache Augen, offene Ohren und kräftige Hände, um meinen bescheidenen Beitrag zu leisten, dass die Not in meiner Umgebung geringer wird.

Humor möchte ich mitnehmen – die Fähigkeit, mein

Leben auch von der heiteren Seite her zu betrachten, um mich vor Verbitterung und Verbissenheit zu schützen, wenn das Schiff außer Kurs geraten sollte.

Hoffnungen, Hilfsbereitschaft und Humor – mit diesem Handgepäck will ich die Wochen und Monate des neuen Jahres er-leben und er-fahren, und ich wünsche mir, dabei manches Neue und Originelle zu entdecken.

### Sinnsuche à la carte
*(Die großen Fragen des Lebens nicht aus den Augen verlieren)*

Herzlich willkommen im ›Café der Fragen‹! Ich möchte Sie jetzt gerne für ein paar Augenblicke an einen Ort führen, an dem ein gestresster Zeitgenosse etwas ganz Merkwürdiges erlebt: Der Werbemanager John will auf der Fahrt in den Urlaub einem Stau entgehen, verlässt die Autobahn und landet – hungrig und mit dem letzten Tropfen Benzin – in einem kleinen Café. John möchte nur eine kurze Rast einlegen, doch dann entdeckt er auf der Rückseite der Speisekarte drei Fragen. Unter der Überschrift »Dinge, über die Sie nachdenken können, während Sie warten« liest er in Großbuchstaben:

WARUM BIST DU HIER?
HAST DU ANGST VOR DEM TOD?
FÜHRST DU EIN ERFÜLLTES LEBEN?

John wird neugierig und kommt mit der Bedienung, dem Wirt und einem anderen Gast ins Diskutieren über diese Themen. Er muss sich eingestehen, dass er darüber noch nie richtig nachgedacht hat, und verlässt das Café erholt, lebendig und mit dem Wunsch, manches in seinem Leben zu verändern...

Mit seinem Bestseller ›Das Café am Rande der Welt‹ versucht der amerikanische Weltenbummler und Unternehmensberater John Strelecky humorvoll und charmant, uns an die entscheidenden Fragen unseres Lebens heranzuführen.

WARUM BIST DU HIER? – Das meint zum einen: Welche Aufgabe könnte die Situation, in der du dich gerade befindest, enthalten? Was könnte Gott von dir jetzt – an diesem Ort und in dieser Stunde – erwarten? Und das heißt zum anderen: Was ist dein Lebenszweck – oder christlich gesprochen: Was ist deine Berufung? Welches Ziel hast du? Womit kannst gerade du die Welt eine Spur menschlicher machen?

HAST DU ANGST VOR DEM TOD? – Glaubst du, dass dein Leben einen bleibenden Wert hat, den der Tod nicht nehmen kann? Lebt in dir die Hoffnung, dass die Gemeinschaft mit Gott vom Tod nicht zerstört wird? Kannst du am Ende loslassen, weil du dich gehalten und getragen weißt?

FÜHRST DU EIN ERFÜLLTES LEBEN? – Freust du dich auf morgen? Kannst du dankbar sein für die guten Erfahrungen, die du machst, und für die Talente, die dir in die Wiege gelegt wurden und die du entfalten darfst? Hast du verlässliche Wegbegleiter? Spüren Menschen in deiner Umgebung, was dir im Leben Halt und Kraft gibt? Findest du die Balance zwischen Arbeit und Muße?

Das ›Café der Fragen‹, in das unser Werbemanager John geraten ist, hat viele Filialen – und Sie werden im neuen Jahr garantiert einige kennenlernen: Sie feiern einen Gottesdienst mit, Sie schlagen die Bibel auf, Sie führen ein gutes und tiefes Gespräch, Sie werden mit Krankheit oder Leid konfrontiert – und schon sind Sie mittendrin.

Die Speisekarte Ihres Alltags wird in den kommenden Monaten reichlich gefüllt sein mit Süßem und Saurem, mit leicht oder schwer Verdaulichem. Wenn Sie genau hinschauen, entdecken Sie hinter allem, was Ihnen angeboten und aufgetischt wird, die drei Fragen.

Und Sie werden 365 Chancen erhalten, Ihre persönliche Antwort zu geben auf die Frage »Warum bist du hier?«. 365 Chancen, im Gebet, in der Liturgie oder in der Zuwendung zum Nächsten die Gemeinschaft mit Gott zu vertiefen und so der Angst vor dem Tod entgegenzuwirken. 365 Chancen, etwas zu tun oder sich etwas zu gönnen, was Ihr Leben zu einem erfüllten macht.

Ich wünsche Ihnen, dass Sie nach einigen Besuchen im ›Café der Fragen‹ das gerade begonnene Jahr ein wenig verändert verlassen...

### Keine Macht den Zeit-Dieben!
*(Im Augenblick leben)*

In seinem Märchen-Roman »Momo« erzählt Michael Ende die seltsame Geschichte von den Zeit-Dieben und von dem Kind, das den Menschen die gestohlene Zeit zurückbringt: Geheimnisvolle graue Herren schleichen sich in das Leben der Menschen ein und bedrängen sie, ihre Zeit zu sparen. Fast alle lassen sich von diesen Betrügern täuschen und bemerken gar nicht, wie ihnen die ganze gesparte Zeit gestohlen wird. Nur manche fühlen, dass ihr Leben immer freudloser und hektischer wird, je mehr sie an Zeit sparen; dass Kälte sich ausbreitet in der Welt und dass die Menschen einander immer fremder werden. Zusammen mit Meister Hora, dem Verwalter der Zeit, gelingt es der kleinen Momo schließlich, den Zeit-Dieben das Handwerk zu legen.

Leider existieren diese Zeit-Diebe nicht nur im Märchen. Bei jeder und jedem von uns versuchen sie, einzubrechen und ihr Unwesen zu treiben. Der eine fesselt mich an meine vielen Aktivitäten und stiehlt mir so meine Zeit. Ein anderer jagt mir die Angst ein, etwas zu versäumen, und hetzt mich von einem Termin zum anderen. Ein Dritter raubt meine Zeit, indem er sie durch Unzufriedenheit, Neid und Ärger vergiftet. Und ein vierter macht mich sogar zu seinem Komplizen und bringt mich dazu, meine Zeit selbst totzuschlagen. Die Zeit-Diebe arbeiten lautlos und unauffällig, und oft dauert es sehr lange, bis wir die Spuren entdecken, die sie in unserem Leben hinterlassen haben. Manche, die mit guten Vorsätzen ins neue Jahr starten und sich gegen die Zeit-Diebe schützen wollen, laufen bald schon wieder gehetzt und verbissen ihrer Zeit hinterher.

Gott sei Dank gibt es aber auch in Wirklichkeit ein Kind, das uns im Kampf gegen die Zeit-Diebe wertvolle Hinweise geben kann. Vor wenigen Tagen haben wir in unseren Familien und in unseren Kirchen seinen Geburtstag gefeiert und in den schönen Weihnachtsliedern gesungen, dass es sich unserer Not annimmt – also auch unserer Zeit-Not. Wenn wir das Leben Jesu anschauen, verstehen wir, was Meister Hora der kleinen Momo zu bedenken gibt: »Alle Zeit, die nicht mit dem Herzen wahrgenommen wird, ist verloren.« Jesus nimmt seine Zeit mit dem Herzen wahr. Er lebt bewusst und kann sich auf den Augenblick konzentrieren: Er freut sich und feiert mit, wenn er zu einem Fest eingeladen ist. Er zieht sich in die Stille zurück, wenn er beten will. Er lässt die Mühseligen und Belasteten bei sich ausruhen. Er öffnet uns neu die Augen dafür, dass unser Leben ein Geschenk ist, und er nimmt uns den Druck, alles selbst leisten und machen zu müssen. Er warnt uns vor allzu ängstlicher Sorge und ermutigt uns zu mehr Vertrauen und Gelassenheit. Mit seiner Hilfe könnten wir einige Zeit-Diebe unschädlich machen. Damit es erfülltes und zufriedenes Leben nicht nur im Märchen gibt ...

### Flüsterpropaganda
*(Eine Weihnachtspyramide erzählen lassen)*

»Achtung, jetzt geht's gleich wieder rund«, rief einer der Heiligen Drei Könige, als er die Hand mit dem brennenden Streichholz auf sich zukommen sah. Er hatte – zusammen mit seinen beiden Kollegen, einem Diener und einem voll bepackten Kamel, mit einem Hirten und ein paar Schafen – seinen festen Platz auf der Drehscheibe einer Weihnachtspyramide. »Seit Tagen kommen wir aus dem Rotieren nicht mehr heraus«, brummte der alte Hirte, als die Kerzen angezündet waren und sich die ganze Mannschaft langsam in Bewegung setzte. »Immer derselbe Trott! Wie haltet ihr das bloß aus?«

»Ich versuche«, sagte wieder der König, »mit den Menschen, die uns zuschauen, ins Gespräch zu kommen. Wenn ich entdecke, dass einer still und nachdenklich wird, dann flüstere ich ihm zu: ›Schau mal, wir haben unsere Mitte gefunden. Alles dreht sich um die Krippe und das Kind, um Jesus, die Menschenfreundlichkeit Gottes in Person. Lass deine Gedanken doch auch einmal um ihn kreisen! Mach den Menschen, der so war, wie Gott sich den wahren Menschen vorstellt, doch auch zum Dreh- und Angelpunkt deines Lebens!‹«

Die Fahrt war schon ziemlich rasant geworden, da ergriff der zweite König das Wort: »Auch ich habe mir etwas vorgenommen für die kurze Zeit, in der wir die Menschen mit unserem Spiel erfreuen. Wenn einer aufmerksam ist, dann hört er bei jeder Runde meine zarte Stimme: ›Sieh her, wie wir in Schwung gekommen sind. Lass dich doch auch durch die Freude dieser Tage in Bewegung bringen! Spring über den Schatten deiner Sturheit, geh aus dir heraus und offen auf andere zu! Vergiss wenigstens für ein paar Stunden das Festgefahrene in deinem Leben!‹«

Der dritte König meinte: »Wenn jemand fasziniert ist von der unsichtbaren Kraft, die uns antreibt, dann sage ich ihm ganz leise: ›Schau, es braucht nur ein bisschen Licht und ein wenig Wärme – und schon wird es bei uns lebendig. Unser Zug setzt sich in Gang, und die großen Flügel über uns zaubern die schönsten Schattenspiele an die Zimmerdecke. Ein bisschen Licht und ein wenig Wärme, eine Atmosphäre der Ehrlichkeit und Herzlichkeit – das könnte auch bei euch einiges bewegen!‹«

»Was diese drei Weisen bloß für Ideen haben«, dachte der brummige alte Hirte bei sich. Aber es blieb ihm gar nichts anderes übrig, als sich ihnen anzuschließen. Mit ihrem Schwung rissen sie ihn immer wieder mit.

## »Binde deinen Karren an einen Stern!«
*(Mit Zielen leben)*

Viele kennen Leonardo da Vinci als Maler und wissen, dass die lächelnde Mona Lisa von ihm stammt. Manche kennen ihn auch als genialen Erfinder und wissen, dass er Flugmaschinen, Fallschirme, Wasserturbinen und vieles andere konstruiert hat. Aber nur wenige kennen Leonardo da Vinci als Fabel- und Märchenerzähler und wissen, dass er viele kleine Geschichten und Rätselsprüche aufgeschrieben hat, z. B. diesen: »Binde deinen Karren an einen Stern!«

Dieser Spruch erschließt sich nicht sofort, aber wenn wir uns Zeit nehmen, ihn zu entschlüsseln, könnte er zu einem Leitsatz für das neue Jahr werden.

›Karren‹ könnte stehen für alles, was ich in diesem Jahr zu bewegen und mitzuschleppen habe; für alles, was mir an Prüfungen und Arbeit aufgeladen wird; für alles, was an Verpflichtungen und Anstrengungen auf mich zukommt.

›Stern‹ könnte stehen für das, was mir Orientierung und Wegweisung gibt; für ein leuchtendes Ziel, das mir vor Augen steht; für das, was ich mir für die kommenden Wochen und Monate wünsche, erhoffe, erträume.

»Binde deinen Karren an einen Stern!« – das würde dann heißen: Bring das, was dir als Aufgabe in der nächsten Zeit gestellt ist, mit einem Ziel in Verbindung. Verknüpfe das, was dich gerade beschäftigt und vielleicht belastet, mit dem, was du erreichen willst und für dieses Jahr erhoffst. Lass dich nicht total vereinnahmen von dem, was du jetzt als Ballast empfindest, sondern schau auch nach vorn und nach oben. Dann bleibt dein Karren in Bewegung.

Leonardo da Vinci hat gewusst, dass wir nur von der Stelle kommen, wenn wir ein Ziel, ein Ideal, eine Vision haben. So hat er sich ausgemalt, welche Geräte dem Menschen das Leben erleichtern könnten, und hat dann angefangen zu tüfteln und zu konstruieren. Seine Wunschträume haben seine ungeheure Kreativität und Energie freigesetzt. »Binde deinen Karren an einen Stern!« Das könnte daher nicht nur ein Leitsatz für ein Jahr sein, sondern ein ganzes Lebensprogramm.

›Karren‹ könnte auch stehen für alles, was ich im Leben so mit mir herumschleppe: meine Erziehung und meine Veranlagungen; meine Ängste und meine Enttäuschungen; meine Erfahrungen und meine Geschichte.

›Stern‹ könnte dann stehen für meine Sehnsucht nach einem erfüllten Leben; für meine Hoffnungen und Wünsche; für die Ziele, die ich in meinem Leben erreichen will.

»Binde deinen Karren an einen Stern!« – das würde dann bedeuten: Lass dir den Blick auf dein Lebensziel nicht verstellen. Mach dir immer wieder bewusst, wo du hin willst – das wird dir helfen, auch wenn der Karren einmal verfahren ist. Das wird dich motivieren, deinen Lebenskarren – wenn nötig – wieder aus dem Dreck zu ziehen. Wenn du ein großes Ziel vor Augen hast, dann bekommst du auch Kraft und Mut für die kleinen Schritte. Patrick Swayze, der amerikanische Schauspieler, meint: »Wer seine Ziele nicht an den Sternen festmacht, schafft es nicht mal auf den Kirchturm!«

Einer, der uns Lebensziele angeboten hat, war Jesus. In Geschichten und Gleichnissen hat er erzählt, wie ein erfülltes, wie wahres Leben aussehen kann. ›Reich Gottes‹ hat er dieses neue Leben genannt. Diese Vision war seine eigene Kraftquelle, und mit ihr hat er andere motiviert. Weil auch wir unseren Lebenskarren an seinen Zielen festmachen wollen, treffen wir uns in seinem Namen und lassen uns in unseren Gottesdiensten seine Worte unter die Haut gehen. Weil auch wir an seiner Toleranz und Offenheit, an seiner Hilfsbereitschaft und Gerechtigkeit anknüpfen möchten, beginnen wir das neue Jahr mit der Erinnerung an ihn.

»Binde deinen Karren an einen Stern!« Ein Leitsatz für alle, die den Karren nicht einfach laufen lassen wollen. Ein Programm für alle, die ihr Leben bewusst gestalten möchten. In diesem Sinn wünsche ich uns allen das neue Jahr und das ganze Leben unter einem guten Stern.

### Wir suchen mit Ihnen ...
*(Sich an Jesus orientieren)*

»Sie suchen Antworten auf wichtige Fragen Ihres Lebens? Wir haben sie – nicht! Aber wir suchen mit Ihnen ...« Diesen Werbeslogan wünsche ich mir an unseren Kirchen, in unseren Gemeindebriefen und Schaukästen.

»Sie suchen Antworten auf wichtige Fragen Ihres Lebens?« – Sie brauchen Orientierungen in all dem Unverständlichen, was Ihnen täglich begegnet?

»Wir haben sie – nicht!« – Wir haben sie nicht als fertige Rezepte, die wir Ihnen einfach mitgeben, als Formeln und Floskeln, mit denen wir Sie abspeisen.

»Aber wir suchen mit Ihnen ...« – Wir suchen mit Ihnen, wenn wir uns in unseren Kirchen und Gemeindezentren treffen, wenn wir in unseren Gottesdiensten die Evangelientexte genauer anschauen.

So könnten wir werben, und bei unserer Suche bietet sich als erste Fund-Grube schon die kurze Szene der Taufe Jesu an *(Lk 3,21f)*. In Bildern und Symbolen gibt uns Lukas erste Hinweise, wie Jesus seine Aufgabe versteht, was sein Leben zu einem wertvollen Leben macht. Und wer diese Bildgeschichte auf sich wirken lässt, wer auf Jesus schaut, der könnte schon einige Antworten auf wichtige Fragen seines Lebens bekommen. Sich an Jesus orientieren kann heißen:

Auf Augenhöhe mit den Menschen sein. Jesus stellt sich in eine Reihe mit allen, die sich von Johannes taufen lassen wollen. Er solidarisiert sich mit den Schuldbeladenen – mit allen, die noch einmal neu anfangen wollen; mit den Kranken und Armen – mit allen, die leiden und mehr von ihrem Leben erhoffen.

Auf Augenhöhe mit den Menschen sein: Sich nicht besserwisserisch über andere erheben; sich nicht abseits stellen und aus allem heraushalten – sondern andere ansehen und ihnen damit ein Ansehen geben; auf sie zugehen und ihnen offen begegnen; an ihrer Seite bleiben und sie in ihren Ängsten und Belastungen nicht allein lassen.

Unter einem geöffneten Himmel leben. Jesus sieht den Himmel offen. Lukas will damit andeuten: Jesus findet sich nicht mit der Welt ab, wie sie ist. Er sieht schon die neue Welt Gottes. In seinen Gleichnissen malt er sie aus, und Menschen, die ihm begegnen, die er ansieht, anspricht und berührt, erleben ein Stück Himmel auf Erden.

Unter einem geöffnetem Himmel leben: An das Licht glauben – auch in dunkler Nacht; an das Gute glauben – auch in böser Zeit; an die Zukunft glauben – auch wenn keine Perspektive sich auftut; die Erinnerung wach halten an Jesus und an seinen Traum von der neuen Welt Gottes, in der nicht das Recht des Stärkeren gilt, sondern Güte die Oberhand behält; in der das Kleine und Unscheinbare nicht übersehen wird.

Sich von Gott angesprochen wissen. Jesus hört die Stimme Gottes. Er weiß, dass er dazu gerufen ist, sich für das Reich Gottes einzusetzen. Er fühlt sich von Gott bestärkt und getragen, wenn er jetzt mit seinem Auftrag zu den Menschen geht und sie in Wort und Tat Gottes Nähe und Liebe spüren lässt.

Sich von Gott angesprochen wissen: Davon überzeugt

sein, dass Gott jeder und jedem von uns zutraut, an seiner neuen Welt mitzubauen. Entdecken, welche Fähigkeiten er gerade mir dafür gegeben hat. »Gottes Melodie in sich aufnehmen« – so hat es Ignatius von Antiochien am Ende des 1. Jahrhunderts ausgedrückt. Hören, welche Lebensmelodie Gott mir ganz persönlich zuspielt, und diese Melodie zum Klingen bringen.

Sich be-geistern lassen und andere be-geistern. Jesus erlebt sich – das will uns Lukas mit dem Bild der Taube nahebringen – von Gottes Geist inspiriert, mit seiner Botschaft zu den Menschen zu gehen. Mit seiner eigenen Begeisterung steckt er andere an, macht sie neugierig, nimmt sie mit auf seinen Weg.

Sich be-geistern lassen und andere be-geistern: Freude finden am Evangelium; nicht am Buchstaben kleben, sondern die Freiheit spüren, die es uns schenkt; weitersagen, was uns selbst zum Leben hilft; und auch ohne viele Worte unsere Hoffnung, unseren Glauben vorleben.

»Sie suchen Antworten auf wichtige Fragen Ihres Lebens? Wir haben sie – nicht! Aber wir suchen mit Ihnen...« – Haben die ersten Funde Sie ein wenig neugierig gemacht?

# Der etwas andere Frühjahrsputz

*Fastenzeit*

## Aus-Zeit
*(Atemholen und Auftanken)*

In manchen Sportarten sehen die Regeln eine sogenannte ›Auszeit‹ vor:
Wenn ein Trainer entdeckt, dass sich in das Spiel seiner Mannschaft Fehler und Nachlässigkeiten einschleichen;
wenn er sieht, dass seine Spielerinnen oder Spieler die Übersicht verlieren, verkrampft und planlos agieren und keinen überzeugenden Spielzug mehr zuwege bringen;
wenn er den Eindruck gewinnt, dass die innere Einstellung seines Teams nicht mehr stimmt;
wenn er spürt, dass das Spiel kraftlos wird und einzelne Akteure völlig ausgepumpt sind –
dann nimmt er für sich und seine Mannschaft die ›Auszeit‹: Das Spiel wird unterbrochen, und er hat die Möglichkeit, auf bestimmte Fehler aufmerksam zu machen, die vereinbarte Taktik noch einmal ins Gedächtnis zu rufen, gegebenenfalls den Spielaufbau zu verändern und Aufgaben neu zu verteilen, sein Team wieder zu motivieren.

›Auszeit‹, heilsame Unterbrechung, Chance zu neuer Konzentration und Motivation – das will auch die Fastenzeit sein:

Zeit zum Atemholen für alle, die leer und ausgebrannt durchs Leben hetzen und wieder ›auftanken‹ müssen.

Denkpause für alle, die ihre innere Einstellung überprüfen wollen, die neu nach ihrer Mitte suchen und auf ihrem Glaubensweg einen Schritt vorwärts kommen möchten.

Einschnitt für alle, die den roten Faden verloren haben, die in Alltagstrott, Routine und Verbissenheit hineingeraten sind, und deren Lebensfreude auf der Strecke geblieben ist.

Neuanfang für alle, die Fehler und Nachlässigkeiten korrigieren wollen, die sich von unnötig mitgeschlepptem Ballast befreien möchten.

Ich brauche diese ›Auszeit‹, damit es mir nicht geht wie dem erschöpften Holzfäller, der Zeit und Kraft verschwendete, weil er mit einer stumpfen Axt einschlug, und der – darauf aufmerksam gemacht – entgegnete, er habe keine Zeit, um die Schneide zu schärfen.

Ich brauche diese ›Auszeit‹, um meine oft überreizten und deshalb abgestumpften Sinne wieder zu schärfen und zu öffnen – für die leisen Töne und die unscheinbaren Dinge, die mich zum Staunen bringen und zu einem wacheren und einfacheren Leben hinführen. Ich brauche diese ›Auszeit‹, und ich bin froh, dass sie in den Regeln des Kirchenjahres ihren festen Platz hat.

### Fenster putzen
*(Das Leuchten Gottes in der Welt nicht verhindern)*

Glasklare Sauberkeit für unsere Fensterscheiben verspricht ein bekanntes Putzmittel mit dem neuen Aktiv-Fettlöser. Glasklare Sauberkeit für unser ganzes Leben wünscht sich Edith Stein, die 1942 von den nationalsozialistischen Machthabern ermordete und 1998 heiliggesprochene Karmelitin: »Du sollst sein« – schreibt sie einmal – »wie ein Fenster, durch das Gottes Liebe in die Welt hineinleuchten will. Die Scheibe darf nicht stumpf und schmutzig sein, sonst verhinderst du das Leuchten Gottes in der Welt.«

Durch keinen hat Gottes Liebe so klar und hell in die Welt hineingeleuchtet wie durch Jesus von Nazareth. Er war das entscheidende Fenster, durch das Gottes Menschenfreundlichkeit hineingestrahlt hat in das Leben aller, die sich von ihm ansprechen ließen. Heute sind nach Edith Steins Worten wir die Fenster, die anderen einen Blick auf Gottes Wirken in der Welt ermöglichen sollen; Fenster, die leider manchmal stumpf und undurchsichtig sind.

Für die Reinigung unseres Lebensfensters bietet die Kirche deshalb seit langem drei wirksame Putzmittel an: Fasten – Almosen – Beten. Gerade in der Zeit vor Ostern legt sie uns diese Mittel besonders ans Herz.

Fasten – der kraftvollste Aktiv-Fettlöser für Leib und Seele: Wenn wir uns beim Essen und Trinken, bei unseren Aktivitäten, bei unseren Gedanken und Worten auf das Wesentliche und Notwendige konzentrieren, bekommt unser Leben wieder klare Konturen, ein unverwechselbares Profil. Wir entdecken unsere Stärken und Begabungen, und wir spüren neu, wie Gott gerade durch uns in der Welt wirken will. Wenn wir unser Lebensfenster von unnötigen Fettschichten befreien, können auch andere deutlicher sehen, welche Möglichkeiten Gott ihnen eröffnet.

Das zweite Putzmittel: Almosen – das beste Reinigungsmittel gegen hartnäckigen Egoismus und gegen das ›Immer-Mehr-Haben-Wollen‹: Wenn wir bereit sind, uns zu öffnen und loszulassen, unseren Überfluss mit anderen zu teilen, werden wir innerlich frei. Wir lösen uns aus dem Kreisen um uns selbst und sehen wieder klarer, wo andere unsere Solidarität und unsere Zuwendung brauchen. Wenn wir durch unsere Großzügigkeit unserem Lebensfenster einen frischen Glanz geben, kann der barmherzige Gott auch durch uns in die Welt hineinstrahlen.

Und das dritte Putzmittel: Beten – der wirksamste Schutz gegen Hektik und Oberflächlichkeit: Wenn wir uns bewusst Zeit nehmen fürs Gebet und vor Gott still werden, kommen wir unserem Leben auf den Grund. Wir nehmen die Ziele, die wir uns gesteckt haben, neu in den Blick, und wir lassen uns Kraft schenken für die nächsten Schritte. Wenn wir durch Beten unser manchmal so stumpfes Lebensfenster aufpolieren, kann das Wort Gottes, das Orientierung und Hoffnung gibt, kräftiger in die Welt hinein scheinen.

»Du sollst sein« – schreibt Edith Stein – »wie ein Fenster, durch das Gottes Liebe in die Welt hineinleuchten will. Die Scheibe darf nicht stumpf und schmutzig sein, sonst verhinderst du das Leuchten Gottes in der Welt.«

Fasten – Almosen – Beten: Das sind die drei bewährten Mittel für den jährlichen Frühjahrsputz in unserem Lebenshaus, drei Fensterreiniger, die uns selbst wieder durchblicken lassen, und die helfen, dass die Menschenfreundlichkeit Gottes wieder sichtbar und spürbar wird.

Und ich bin überzeugt: Wenn die Gläser unseres Lebensfensters wieder klar und sauber sind – dann klappt's auch mit dem Nachbarn ...

# Hungerstreik
*(Die ›Verfettungen‹ der Seele abbauen)*

»Plenus venter non studet libenter« – ein lateinisches Merksätzchen für die Erfahrung, die jeder und jedem von uns nur allzu vertraut ist: Mit einem vollen Bauch hat man keine große Lust auf geistige Arbeit. Nach einem üppigen Essen kann man ein Schläfchen halten, aber nicht konzentriert nachdenken und lernen. Ein träger Körper verhindert das Engagement des Geistes, leibliche Sattheit lähmt auch die seelischen Kräfte.

In diesen Wochen und Tagen vor Ostern möchten manche Christen allein oder in Gruppen die Gegenprobe machen: Durch ein bewusstes Fasten versuchen sie, einen müde und bequem gewordenen Geist wieder zu aktivieren. Egal, ob sie in der gesamten Fastenzeit auf Alkohol, Nikotin oder Süßigkeiten verzichten, ob sie einen Tag pro Woche fasten, oder ob sie miteinander eine ganze Woche lang ohne feste Nahrung aushalten – immer steht im Hintergrund die Hoffnung, damit auch die ›Verfettungen‹ der Seele abzubauen.

Mit diesem Hungerstreik protestieren sie gegen den eigenen Egoismus, gegen die Mentalität des Haben-Müssens. Sie wollen den Hunger am eigenen Leib verspüren und dadurch eine neue Solidarität mit den Armen und Hungernden begründen.

Mit diesem Hungerstreik demonstrieren sie für einen offeneren Umgang der Menschen untereinander. Sie wollen wacher und sensibler werden für das, was der andere gerade braucht.

Und mit diesem Hungerstreik provozieren sie schließlich zum Kampf gegen die Oberflächlichkeit und gegen die Hoffnungslosigkeit. Sie wollen den Hunger und die Sehnsucht nach erfülltem, gelingendem Leben neu wecken. Und sie wollen zur Frage vorstoßen, was uns denn letztlich am Leben hält, wovon wir im Grunde zehren.

In Portugal soll es ein Kloster geben mit vielen großen Toren und Portalen – nur eine Tür sei winzig klein, diejenige zum Speisesaal. Ein Mönch, der nicht mehr durch diese Tür passt, weiß sofort: Hier habe ich in der nächsten Zeit auch nichts verloren. Nur durch Fasten – und Fasten heißt nichts anderes als Beten mit Leib und Seele – kann er sich wieder Zutritt zu diesem Raum verschaffen.

Ganz so drastisch muss es ja bei uns nicht zugehen. Aber wenn Basilius der Große mit seiner Behauptung recht hat, »das Fasten würde alle lehren, die Liebe zum Geld, zu überflüssigen Dingen und … die Neigung zu Feindseligkeiten aufzugeben«, dann ist so ein Hungerstreik schon einen Versuch wert.

Damit wir nicht bald mit unserem Latein am Ende sind.


### Komm zu dir, Odysseus!
*(Bei sich selbst einkehren)*

»Schon die alten Griechen …!« – Ich höre noch deutlich den tiefen Seufzer meines Deutschlehrers. Er hat uns damals eindringlich davor gewarnt, mit diesen Worten einen Aufsatz zu beginnen. Aber manchmal kann es doch ganz interessant sein, bei den alten Griechen anzufangen. Sie wussten zum Beispiel schon eine Menge über die Kräfte und Neigungen, die das menschliche Leben bestimmen. In ihren Mythen und Sagen haben sie dieses

Wissen kunstvoll und anschaulich formuliert: Narziss etwa, der sich in sein eigenes Spiegelbild verliebt, verkörpert den egoistischen, auf sich selbst fixierten Menschen. In Prometheus, der den Göttern das Feuer raubt, begegnet uns der Mensch, dem nichts heilig ist, der alles an sich reißt. Den Menschen, der vor der Wirklichkeit flieht und sich mit Unterhaltung betäubt, stellt uns Dionysos, der Erfinder des Weins, vor Augen. Und in der Geschichte des ruhelosen Abenteurers Odysseus spiegelt sich unsere Unverbindlichkeit und Heimatlosigkeit, aber auch unsere Sehnsucht nach Glück und einem Zuhause.

Gerade in der Odysseus-Sage finden manche das Lebensgefühl der heutigen Zeit besonders treffend vorgezeichnet. Sie sprechen vom ›Odysseus-Faktor‹, wenn sie unser Verhalten und unsere Wünsche zu charakterisieren versuchen: Unsere Rastlosigkeit und unsere innere Unruhe; unsere Angst, etwas zu verpassen und zu kurz zu kommen; unser Bedürfnis nach Erlebnissen und Abenteuern; unsere Lust am Risiko und am Nervenkitzel; aber auch unsere Erfahrung, auf der Suche nach Glück und Erfüllung immer wieder Schiffbruch zu erleiden – das alles verbindet uns mit dem Irrfahrer der griechischen Sagenwelt.

Dieser Odysseus kam schließlich doch noch zur Ruhe. Er konnte dem Lockruf der Sirenen widerstehen, gelangte glücklich zwischen dem Strudel der Charybdis und dem Felsen der Skylla hindurch und fand dann seine Heimat.

Dem Odysseus des 21. Jahrhunderts macht die Kirche in jeder Fastenzeit ein Angebot. Sie rät ihm: Geh wieder einmal auf die Reise nach innen! Nimm dir Zeit zur Einkehr bei dir selbst! Denn wer immer nur unterwegs ist, ist nie ganz bei sich.

Gönne dir Augenblicke des Aufatmens und Momente der Stille! Frage dich ehrlich, ob du bei der unermüdlichen Jagd nach Ansehen, Karriere oder Geld mitlaufen musst, und ob du dabei das findest, was du suchst!

Verzichte eine zeitlang bewusst auf Ablenkungen und Zerstreuungen und prüfe, wer du wirklich bist und was du wirklich zum Leben brauchst! Sei wachsam, wo man dich von deinen Überzeugungen weglocken will! Lass dir von Angelus Silesius sagen: »Halt an, wo läufst du hin? Der Himmel ist in dir; suchst du Gott anderswo, du fehlst ihn für und für.«

Lass dich von diesem schlesischen Dichter, der in den Wirren des 30-jährigen Krieges selbst auf der Suche nach Ruhe, Selbsterkenntnis und Gotteserfahrung war, zu deiner eigenen Mitte hinführen! Und entdecke dort sowohl den, der dir einen letzten Halt gibt in deinem Leben, als auch die Gaben und Talente, mit denen du das Leben deiner Mitmenschen bereichern kannst!

Komm zu dir, Odysseus!

Die Fastenzeit könnte eine Chance für dich sein ...

### Ein langer Bremsweg
*(Die Langsamkeit entdecken)*

In der Fahrschule haben wir gelernt: Je schwerer ein Fahrzeug ist, desto länger braucht man, um anzuhalten. Heinz Erhardt, der unvergessene Komiker und Meister der Wortspiele, überträgt diese Grundregel auf unser Leben: »Mit den Menschen ist es wie mit den Autos: Laster sind schwer zu bremsen.« Nicht nur der, sondern auch das Laster kann nur mit Mühe und Anstrengung gestoppt werden. Nicht nur ein Lastwagen in voller Fahrt, sondern auch eine eingefahrene schlechte Gewohnheit braucht einen langen Bremsweg.

Je länger wir unseren Geist abspeisen mit oberflächlicher Unterhaltung und Ablenkungen, je mehr unsere Vergnügungs-Sucht zunimmt – desto bequemer und abgestumpfter werden wir, desto weniger nehmen wir die Signale wahr, die uns zum Innehalten und zu einer Kurskorrektur auffordern.

Je stärker wir unser Herz an materielle Güter hängen, je mehr wir besitzen wollen, je mehr die Hab-Sucht der Motor unseres Tuns ist – desto blinder werden wir für die anderen Werte des Lebens, desto unsensibler für die Bedürfnisse unserer Mitmenschen.

Je mehr wir unsere Zeit verplanen, je schwerer wir unseren Kalender beladen mit Terminen und Verpflichtungen, je unentbehrlicher wir uns machen, je ausgeprägter unsere Geltungs-Sucht wird – desto weniger können wir selbst das Tempo unseres Lebens bestimmen, desto mehr werden wir geschoben und gedrängt, desto hektischer werden unsere Tage.

Ein Bremsweg für solche und ähnliche Laster könnte die Fastenzeit sein – die Chance, einen Gang zurückzuschalten, Geschwindigkeit und Hetze aus unserem Leben herauszunehmen und zur Ruhe zu kommen. Die Gelegenheit, schädliche Angewohnheiten aufzugeben, die eine Eigendynamik bekommen haben und zerstörerische Kräfte in uns freisetzen. Die Möglichkeit, Entwicklungen zu korrigieren, die im Lauf der Zeit außer Kontrolle geraten sind.

Die Fastenzeit – ein Bremsweg für den übertriebenen Medienkonsum, damit ich meine Ziele und Ideale nicht aus dem Blick verliere. Ein Bremsweg für das Immermehr-haben-Wollen, damit ich mich wieder auf das Lebensnotwendige konzentrieren kann. Ein Bremsweg für die Terminflut, damit ich neu bestimmen kann, welche Aktivitäten, Gespräche und Begegnungen mein Leben wirklich bereichern.

Die Fastenzeit – ein wertvoller Bremsweg, damit wir nicht unter die Räder kommen und von den eigenen Lastern überrollt werden.

### Von den Instrumentenstimmern lernen
*(Mit sich, den anderen und Gott in Einklang kommen)*

Ob ein Konzert gelingt, hängt von vielen Faktoren ab. Unter anderem davon, wie sauber die Musiker vor der Aufführung ihre Instrumente stimmen.

Der im Jahr 1999 verstorbene brasilianische ›Bischof der Armen‹, Dom Helder Camara, war fasziniert von der Kunst jedes Instrumentenstimmers: »Ich bewundere«, schreibt er, »ja ich beneide nicht nur dein feines Ohr, das jeden Ton heraushört und in jedem Ton die kleinste Unstimmigkeit, das geringste unrechte Intervall wahrnimmt ... Ich bewundere, ja ich beneide das sanfte Geschick, mit dem du die verstimmten Töne höher stellst, bis sie wieder im Einklang sind ...«

Helder Camara selbst ist bei den Instrumentenstimmern in die Schule gegangen: Er hat gelernt, die Unstimmigkeiten in seinem eigenen Leben und in seiner Umgebung wahrzunehmen – die Misstöne und die Ungerechtigkeiten im Zusammenleben der Menschen in seinem Land, die Dissonanzen und die Spannungen zwischen Arm und Reich, die unsauberen und die falschen Töne der Mächtigen und Einflussreichen. Und er hat ein Geschick darin entwickelt, manches unrechte Intervall, manche Kluft der Benachteiligung, Unterdrückung und Ausbeutung zu beseitigen.

Sich wie Helder Camara ein Beispiel an den Instrumentenstimmern nehmen – das wäre die Chance der Fastenzeit.

Zuerst einmal überprüfen, ob ich mit mir selbst in Einklang bin: Phasen, in denen ich mich missgestimmt und unzufrieden, überspannt und gereizt oder kraftlos und abgespannt erlebe, genauer unter die Lupe nehmen und nach dem Grund forschen. Herausfinden, was mich wieder ins Lot und in eine gute Stimmung bringt. Daran arbeiten, dass meine Gedanken und meine Worte, meine Worte und meine Taten immer besser übereinstimmen. Mir von Jesus wieder neu erklären lassen, dass ich vor Gott ein wertvoller Mensch bin und mich deshalb auch selbst akzeptieren und schätzen darf.

Dann auch darauf achten, dass ich mit meinen Mitmenschen in Einklang bin: Die Interessen der anderen und meine eigenen in eine vernünftige Balance bringen. Hellhörig dafür werden, wo ich mit meinen Bedürfnissen und Wünschen die leisen Bitten und Anfragen der anderen übertöne. Dissonanzen und falsche Untertöne in meinen Gesprächen wahrnehmen und darauf reagieren. Verstimmungen und Missverständnisse aufdecken und ausräumen. Mir von Jesus wieder neu sagen lassen, dass der Maßstab, an dem unser Leben gemessen wird, unser Verhalten dem Nächsten gegenüber ist.

Und nicht zuletzt darüber nachdenken, ob ich mit Gott in Einklang bin: Ein neues Gespür dafür entwickeln, welchen Ton Gott mir zuspielt, was er mir zutraut, was er von mir erhofft, welche Lebensaufgabe er gerade mir zugedacht hat. Und mich auf diesen Ton einschwingen, den er durch mich und niemand sonst in der Welt zum Klingen bringen will. Das Evangelium als den ›Kammerton‹ entdecken, auf den ich mein Reden und Verhalten abstimmen kann. Mir von Jesus wieder neu zeigen lassen, wie intensiv, wie sinnvoll und erfüllt ein Leben sein kann, das aus dem Vertrauen auf Gott, aus dem Gebet und aus der Besinnung auf die Heilige Schrift heraus gelebt wird.

Ob unser Osterjubel hell und rein klingt, ob unsere Osterfreude echt und glaubwürdig wirkt, hängt von vielen Faktoren ab. Unter anderem auch davon, wie gut wir in der Fastenzeit das Instrument unseres Lebens stimmen.

### Eine Kur gegen die Schlafkrankheit der Seele
*(Abwehrkräfte gegen Bequemlichkeit und Oberflächlichkeit mobilisieren)*

Vor einer heimtückischen Krankheit besonderer Art hat der große Theologe und Arzt Albert Schweitzer gewarnt. In einer Predigt aus dem Jahr 1909 beschreibt er sie so: »Ihr wisst, dass im Innern von Afrika die Schlafkrankheit herrscht. Zuerst werden die Leute ein klein wenig matt, dann immer mehr und mehr, bis sie zuletzt immer wieder schlafend daliegen und an Entkräftung sterben. Der berühmte Professor Koch aus Berlin war vor eineinhalb Jahren in jenen Gegenden, um die Schlafkrankheit zu studieren und entdeckte die Anfänge des Übels an vielen, die ihn deshalb auslachten und sagten, sie fühlten sich ganz wohl, und er wusste doch ganz sicher, dass sie schon angesteckt waren und bedauerte, dass sie sich nicht in Pflege geben wollten. So gibt es auch eine Schlafkrankheit der Seele, bei der die Hauptgefahr ist, das man sie nicht kommen fühlt; darum müsst ihr auf euch achten. Und wie ihr die geringste Gleichgültigkeit an euch merkt und gewahr werdet, wie ein gewisser Ernst, eine Sehnsucht, eine Begeisterungsfähigkeit in euch abnimmt, dann müsst ihr über euch erschrecken und euch klarwerden, dass das davon kommt, dass eure Seele Schaden gelitten hat.« (A. *Schweitzer*)

Die Schlafkrankheit der Seele – immer und überall besteht Ansteckungsgefahr, und eine endgültige Immunisierung gegen dieses gefährliche Leiden gibt es nicht. Aber allen, die vorbeugen oder sich heilen lassen wollen, wird jedes Jahr eine mehrwöchige Kur angeboten – die Fastenzeit. Diese Kur soll helfen, die Abwehrkräfte gegen die Schlafkrankheit der Seele zu mobilisieren. Drei ›Anwendungen‹ sind nach Albert Schweitzer dazu nötig:

Sensibel werden – für die Symptome dieser Krankheit: für meinen Egoismus, der mir die Augen verschließt vor der Situation der anderen; für meine Rastlosigkeit, die zur Oberflächlichkeit verführt und mich nicht mehr zum Nachdenken über die Ziele meines Lebens kommen lässt.

Erschrecken – über die Bequemlichkeit, die sich bei mir schon breitgemacht hat; über die Lustlosigkeit und Langeweile, mit der ich mich schon abgefunden habe. Sich in Pflege begeben – bei dem Arzt, der wie kein anderer meine Sehnsucht nach einem wertvollen Leben wach hält; bei dem Arzt, der wie kein anderer meine Begeisterungsfähigkeit und meine Freude wieder wecken kann; bei Jesus, dessen Worte und Taten die richtige Medizin gegen meine Müdigkeit sind.

Gönnen Sie Sich diese Kur gegen die Schlafkrankheit der Seele – aufgeweckte Christen sind gesucht!

# Das Geschenk der Freiheit

## Osterzeit

**Tote reden nicht!**
*(Dem Auferstandenen begegnen)*

An einer Mauer oder Hauswand entdecken Sie plötzlich einen humorvollen Spruch oder eine kämpferische Parole. Ein paar Tage später sehen Sie, dass jemand an diesem Satz weiter geschrieben hat. Und nach einiger Zeit bemerken sie noch einen dritten Kommentar.

Genauso könnte der folgende Spruch entstanden sein: »Gott ist tot – Nietzsche!« – war wohl zuerst an eine Wand gesprüht. Ein Witzbold drehte die Worte um und pinselte darunter: »Nietzsche ist tot – Gott!« Und da wahrscheinlich gerade ein Wildwestfilm im Kino lief, setzte jemand noch einen drauf: »Tote reden nicht – Django!« Dieses Wortspiel ist die kürzeste Osterpredigt, die ich jemals gehört habe.

»Gott ist tot!« – Was der Philosoph Friedrich Nietzsche schon vor über 100 Jahren auf diese knappe Formel gebracht hat, trifft heute mehr denn je das Lebensgefühl vieler Menschen. Gott ist tot. Er wird nicht gebraucht. Er kommt im Alltag kaum noch vor. Nietzsches Feststellung trifft manchmal aber auch unser eigenes Empfinden, wenn wir leer und ausgebrannt sind; wenn wir Schicksalsschläge, Leid oder den Tod eines lieben Menschen verkraften müssen; wenn wir den Sinn und den tragenden Grund unseres Lebens aus den Augen verlieren.

Gott ist tot. Das trifft auch die Stimmung der Jünger nach dem Sterben Jesu: Ihre Hoffnungen sind begraben. Ihr Lebensinhalt – das, wofür sie alles aufgegeben haben – ist verloren gegangen. Der, der ihnen Leben in Fülle versprochen hatte; der ihnen einen lebendigen Gott verkündet hatte – der ist tot.

»Nietzsche ist tot – Gott!« – Ob der Witzbold, der Nietzsches Formel auf den Kopf gestellt hat, wohl selbst den tieferen Sinn seines Satzes ahnen konnte? Ich deute ihn so: Nietzsches Feststellung ist falsch. Gott selbst widerlegt sie ständig. Er macht sich auf verschiedene Weise bemerkbar und lässt uns spüren, dass er lebt: Es gibt – neben allem Traurigen und Rätselhaften – so vieles, wofür wir dankbar sein können. Es gibt Hoffnung und Vertrauen, und es gibt die Erfahrung, dass wir im Leben getragen und begleitet werden.

Dass Nietzsches Formel nicht stimmt, haben auch die Jünger nach dem Tod Jesu erlebt. Sie haben gespürt, dass Jesus weiter ihr Leben bestimmt, dass er sie nach wie vor begeistert mit seiner Botschaft vom Reich Gottes, mit seinen Ideen und Impulsen für ein herzliches und heilendes Zusammenleben. Ein Gott, der ihren Jesus nicht im Tod lässt, kann nicht tot sein.

»Tote reden nicht – Django!« – Wahrscheinlich war sich auch der Spaßvogel, der das Gesetz des Wilden Westens unter die beiden anderen Sätze geschrieben hat, der Tragweite seines Kommentars gar nicht bewusst. Wenn dieses Gesetz gilt, wenn Django recht hat, wenn es stimmt, dass Tote nicht reden – wenn aber gleichzeitig stimmt, dass die Botschaft Jesu seit 2000 Jahren nicht verstummt ist, wenn er nach wie vor sein tröstendes, sein befreiendes, sein provozierendes Wort in unser Leben und in unsere Welt hineinspricht – dann kann es dafür nur eine Erklärung geben: Er ist nicht tot! Er lebt! Seine Jünger haben das in der Vorstellungswelt ihrer Zeit so ausgedrückt: Er ist auferstanden! Gott hat ihn von den Toten auferweckt! Und was die Jünger damals nach dem Karfreitag gespürt haben, das können auch wir heute erfahren:

Er lebt! Er ist da, wenn wir uns in seinem Namen treffen, wenn wir seine Worte hören und Brot und Wein miteinander teilen.

Er lebt! Er spricht uns an in den Menschen, die unsere Hilfe brauchen, er begegnet uns im geringsten Bruder, in der geringsten Schwester.

Er lebt! Er geht mit uns in allen, die unseren Weg begleiten, die uns ihre Nähe und Zuwendung schenken.

Er lebt! Er redet zu uns in allen, die von ihm erzählen, die sich von ihm begeistern lassen und in seinem Sinn handeln.

»Gott ist tot – Nietzsche! Nietzsche ist tot – Gott! Tote reden nicht – Django!« Eine kurze und prägnante Osterpredigt – leicht zu merken, ein wenig zum Schmunzeln und doch sehr tiefsinnig. Ein Wortspiel, das die Chance hat, in uns weiterzuwirken und uns über Ostern hinaus zu begleiten.

### Oster-Auge, sei wachsam!
*(Neues Leben im Blick haben)*

In einigen französischen Dörfern hat sich ein interessanter Brauch erhalten: Wenn am Ostersonntag in der Frühe zum ersten Mal die Kirchenglocken läuten, laufen Kinder und Erwachsene zum Dorfbrunnen und waschen sich die Augen mit dem kühlen und klaren Brunnenwasser.

Ob die, die Jahr für Jahr mitlaufen und sich die Augen reiben, wohl ahnen, dass sie sich selbst mit diesem Brauch eine eindrucksvolle Osterpredigt halten? Das Thema dieser Predigt ohne Worte: Ostern schenkt einen neuen Blick, neue Augen.

Oster-Augen wünsche auch ich mir am Festtag und viele Oster-Augen-Blicke in den kommenden Tagen und Wochen, denn:

Oster-Augen können entdecken, dass im Menschen Jesus von Nazareth das Leben endgültig zum Durchbruch gekommen ist, ein – trotz Leid und Tod – erfülltes und gutes Leben, so wie Gott sich wahres Leben vorstellt.

Oster-Augen verschließen sich nicht vor der Not. Sie nehmen die vielen Todessignale in unserer Umgebung wahr, sie haben einen Blick dafür, wo das Leben zu kurz kommt oder ganz auf der Strecke bleibt, wo einer mundtot gemacht wird, wo einer unter die Räder kommt. Sie erkennen, wo wir aufstehen müssen, einen Aufstand machen müssen gegen Eingefahrenes und Erstarrtes.

Oster-Augen lassen sich aber auch leichter zudrücken. Sie sehen die eigenen Fehler und können so über die Schwächen der anderen gelassen und großzügig hinwegsehen.

Oster-Augen sehen weiter. Sie bleiben nicht auf das Schwierige und Unsympathische fixiert, das mir an meinem Gegenüber zuerst auffällt, sondern schauen hinter die unangenehme Fassade und entdecken den anderen, so wie Gott ihn sich gedacht hat. Sie sehen einen Weg, wo vorher keiner war, und im Ende schon einen neuen Anfang.

Solche Oster-Augen wünsche ich mir, und ich hoffe,

ich bekomme sie geschenkt – vielleicht durch das Hören der befreienden Botschaft dieses Festes, vielleicht durch die intensive Mitfeier der Ostergottesdienste mit ihrer ausdrucksstarken Symbolik.

Anstelle eines Oster-Hasen wünsche ich mir solche Oster-Augen, aber ich weiß genau: Wenn sie mir geschenkt werden, bin ich für sie verantwortlich, für ihre Offenheit, für ihre Weitsichtigkeit. Dann heißt es für mich: Oster-Auge, sei wachsam!

### Herr K. und die Auferstehung
*(Österliche Haltung bewahren)*

»Ihr seid Zeugen dafür« *(Lk 24,48)* – sagt Jesus Christus: zu seinen Jüngern damals und zu uns heute. Ihr seid Zeugen dafür, dass am Karfreitag nicht alles zu Ende war; dass ich nach wie vor lebendig bin; dass meine Gedanken und Ideen, meine Worte und Taten immer noch weiterwirken.

»Ihr seid Zeugen dafür« – sagt Jesus Christus. Und wir fragen: Wie geht das – Zeuge sein? Woran merken es die anderen, dass Auferstehung für uns kein leeres Wort ist? Wie nehmen sie unseren Osterglauben und unser Christsein wahr?

Hoffentlich nicht so wie in der frei nach Bertold Brecht erzählten Geschichte vom Herrn Keuner:

Zu Herrn K. kam ein Christ in einer wichtigen Glaubensfrage. Sie saßen am Tisch, sprachen und aßen miteinander. Nach einer Weile sagte Herr K. zu dem Christen: »Du gehst gestelzt, du sitzt schlecht, du isst und trinkst ungesund, du atmest nicht frei, du redest verklemmt.« Der Christ wurde erregt: »Nicht über mich wollte ich etwas wissen, sondern über den Inhalt dessen, was ich sagte.« – »Es hat keinen Inhalt«, sagte Herr K. »Ich sehe dich täppisch gehen, und es ist kein Ziel, das du, während ich dich gehen sehe, erreichst. Du redest dunkel, und es ist keine Helle, die du während des Redens schaffst. Sehend deine Haltung, interessiert mich dein Ziel nicht.«

Wir sollten uns dieser Provokation stellen und fragen: Was wären denn Haltungen, die Herr K. an uns Christen sehen will? Mit welchen österlichen Grundhaltungen könnten wir ihn denn auf unsere Ziele neugierig machen? Ich habe ein paar Ideen:

Wir könnten z. B. Ostern in den Beinen haben: wie Jesus zu den Menschen gehen, den ersten Schritt tun, ihnen unser Entgegenkommen zeigen. Den aufrechten Gang einüben, geradlinig und aufrichtig bleiben, aufstehen für das Leben und gegen alles, was andere niederdrückt und in die Knie zwingt.

Oder Ostern in den Händen haben: wie Jesus zupacken und Hand anlegen, wo unsere Hilfe gebraucht wird. Jemand die Hand entgegenstrecken zur Versöhnung und zum Frieden. Andere trösten und ihnen die Hand auf die Schulter legen. Oder einen, der die Orientierung verloren hat, bei der Hand nehmen und ihn ein Stück seines Weges begleiten.

Wir könnten auch Ostern in den Augen haben: wie Jesus andere mit Respekt und Wohlwollen anschauen. Die Augen offen halten und wach bleiben für die Signale der Not, für die stummen Bitten um Anerkennung und Freundlichkeit. Denen ein Ansehen geben, die von andern übersehen und nicht wahrgenommen werden.

Außerdem könnten wir Ostern im Herzen haben: wie Jesus herzlich und offen den Menschen begegnen. Herzhaft und befreit lachen können, humorvoll sein und Freude ausstrahlen – keine oberflächliche Freude, sondern eine ›Freude mit Trauerflor‹, die Krankheit, Schmerzen, Leid und Tod nicht verdrängt, die den Karfreitag nicht totschweigt.

Sehend diese österlichen Haltungen, könnte sich Herr K. vielleicht für unsere Ziele interessieren, könnte er sagen: Jetzt möchte ich wissen, aus welcher Kraft du lebst, wem du deinen aufrechten Gang, deine helfenden Hände, deinen offenen Blick, dein frohes Herz verdankst. Erzähl mir von deinem Glauben.

Und erst dann können wir Ostern auf den Lippen haben: erzählen von unserer Hoffnung, reden über Ostern, weitersagen, was die Auferstehung Jesu für uns bedeutet.

### Georg Friedrich Händels Auferstehung
*(Ostern am eigenen Leib erfahren)*

»Ostern kann nicht nur heißen: es gibt ein Leben nach dem Tod. Das klingt wie eine Vertröstung. Ostern muss heißen: das Leben hier wandelt sich ...« *(Jürgen Moltmann).*

Ostern muss heißen: ich sterbe hier nicht nur viele Tode – den Tod der Beziehungslosigkeit, der Ablehnung und der Enttäuschungen, sondern ich kann aus diesen Toden auch wieder aufstehen.

Ostern muss heißen: hier und jetzt kann etwas aufblühen in meinem dürren und eintönigen Leben. Hier und jetzt erlebe ich, dass Steine weggewälzt werden von den Gräbern meiner Angst, meiner Einsamkeit, meiner Resignation. Hier und jetzt kann ich aufatmen, frei werden und neu anfangen.

In seinem Sammelband ›Sternstunden der Menschheit‹ erzählt der österreichische Schriftsteller Stefan Zweig (1881–1942) von solchen Ostererfahrungen im Leben Georg Friedrich Händels. Zu dessen Jubiläumsjahr 2009 – am 14. April jährt sich sein 250. Todestag – gehört auch ein Blick in Zweigs beeindruckende Novelle. Nach einem Schlaganfall kann Händel nicht mehr gehen, sprechen und schreiben: »... es war ein Frost in den Gliedern, eine grausige Starre, die Sehnen, die Muskeln gehorchten ihm nicht mehr; der einst riesige Mann fühlte sich hilflos eingemauert in ein unsichtbares Grab.« Die Ärzte hatten ihn schon aufgegeben, aber in den heißen Bädern der Kurstadt Aachen geschieht das Wunder: Händel ist geheilt. Am Tag seiner Abreise geht er in eine Kirche, steigt mühelos die Treppe zur Empore hinauf und beginnt auf der Orgel zu improvisieren: »Unten lauschten namenlos die Nonnen und die Frommen. So hatten sie niemals einen Irdischen spielen gehört. Und Händel, das Haupt demütig geneigt, spielte und spielte. Er hatte wieder seine Sprache gefunden, mit der er redete zu Gott, zur Ewigkeit und zu den Menschen ... ›Aus dem Hades bin ich zurückgekehrt‹, sagte (er) stolz ...«

Wieder in London, schreibt er großartige Opern und Oratorien – doch der Erfolg bleibt aus. Er fühlt sich müde, und er resigniert: »Wozu, seufzt er auf, hat Gott mich auferstehen lassen aus meiner Krankheit, wenn die Menschen mich wieder begraben?« Er irrt durch London und kann sein Leben nicht mehr ertragen. Keine Melodien fallen ihm mehr ein. Da findet er plötzlich auf seinem Schreibtisch ein Paket, das ihm der Dichter Jennens geschickt hatte – die Texte zum ›Messias‹. Schon beim ersten Lesen hört Händel die Worte als Musik. Drei Wochen schließt er sich ein, komponiert Tag und Nacht – und prä-

sentiert dann seinem staunenden Arzt Dr. Jenkins die schönsten Chöre und Arien. Die Uraufführung in Dublin wird ein grandioser Erfolg: »Die Schleuse hatte sich geöffnet. Nun strömte durch Jahre und Jahre wieder der klingende Strom. Nichts vermochte von jetzt ab Händel zu beugen, nichts den Auferstandenen wieder niederzuzwingen.«
Ostern muss heißen: das Leben hier wandelt sich. Georg Friedrich Händel hat es am eigenen Leib und an der eigenen Seele erfahren. Zweimal ist er auferstanden aus dem Grab eines leblosen Körpers und aus dem Grab einer tiefen Depression. Stefan Zweig hat Händels Ostererfahrungen mitreißend und anschaulich erzählt – nicht nur, um Geschichte lebendig zu halten, sondern auch, um uns zu fragen: Welche kleinen und leisen Osterfeste gibt es in deinem Leben? Wann sagst du: Ja, ich will aufstehen aus dem Grab meiner Niederlagen und Verletzungen? Wann gibst du Gott die Chance, dein Leben zu verwandeln?

### Revolutionär?
*(Prüfen und vertrauen)*

»Vertrauen ist gut, Kontrolle ist besser.« Nicht gerade revolutionär, diese Maxime des großen Revolutionärs Lenin. Aber dafür leicht nachzuvollziehen. Wer sich einmal auf die vielversprechenden Worte eines charmanten Vertreters verlassen und dabei vergessen hat, das Kleingedruckte des Kaufvertrags genau zu prüfen, wird Lenin ohne Wenn und Aber recht geben. Und wer einmal von einem Menschen, dem er im Vertrauen Informationen weitergegeben hatte, hintergangen und enttäuscht wurde, wird in Zukunft vorsichtiger sein und so lange Distanz wahren, bis er sich der Loyalität des anderen sicher sein kann.

»Vertrauen ist gut, Kontrolle ist besser.« Lenins Faustregel lässt sich auf alle Bereiche unseres Lebens anwenden: Ob bei der Wahlpropaganda von Politikern und Parteien, ob bei den verlockenden Versprechungen der Werbung – immer lohnt sich ein Blick hinter die schöne Fassade, eine Stichprobe, ein Test, ob die Worte der Realität standhalten. Besonders notwendig wird eine gründliche Prüfung, wenn wir eine Antwort brauchen auf die wichtigsten Fragen: Wo finde ich Kraft zum Leben? Was gibt meinem Leben letztlich Tiefe, Sinn, Bedeutung? Was lässt mich auch Durststrecken und dunkle Etappen überstehen? Oder wenn wir uns entscheiden müssen, wie wir unser Leben gestalten wollen, an welchen Werten und Zielen wir uns ausrichten möchten. Bei den Antworten, die uns hier angeboten werden, können wir uns eine Qualitätskontrolle nicht ersparen.

Der Apostel Thomas ist der Prototyp eines Menschen, der sich bis zum Grund seines Lebens durchfragt, der nicht blind den Worten seiner Freunde vertraut, der sich seine Glaubensentscheidung nicht leicht macht. Er will selbst dem auferstandenen Jesus begegnen. Er will selbst spüren, dass die Worte, Taten und Ideen Jesu auch nach seinem Tod lebendige Wirklichkeit sind. Und er macht eine umwerfende Erfahrung: Es kommt der Punkt, wo alles Prüfen und Kontrollieren ein Ende hat, wo alles Fragen einmündet in Vertrauen und Glauben. Es kommt die Zeit für das aus Überzeugung gesprochene Bekenntnis: »Mein Herr und mein Gott!«

Das könnte unser Leben verändern, das wäre wirklich revolutionär, wenn wir mit Thomas immer wieder den

Punkt erreichen könnten, an dem Lenins Satz auf dem Kopf steht: »Kontrolle ist gut, Vertrauen ist besser.«

## Skizzen einer österlichen Kirche
*(Den Osterglauben überzeugend leben)*

Kein Evangelist erzählt so eindrucksvoll wie Lukas. Sein Weihnachtsevangelium, seine Geschichten vom barmherzigen Samariter oder vom verlorenen Sohn – das sind neben der Emmauserzählung die Bibelstellen, die sich uns ganz tief eingeprägt haben.

Das Faszinierende an allen Lukas-Geschichten ist: Sie lassen sich immer wieder aus einer anderen Perspektive betrachten. Deshalb hat die Legende Lukas wohl als Maler geschildert: Er entwirft in seinen Erzählungen Bilder und lässt dem Betrachter viele Interpretationsmöglichkeiten offen. So kann man in der Emmauserzählung nicht nur die eigene Lebens- und Glaubensgeschichte entdecken: vergebliches Suchen; Resignation; Schwierigkeiten, das Kreuz Jesu zu akzeptieren; Entdecken der Bibel als Hilfe für das eigene Leben; Spüren, dass der Glaube doch trägt; erste Versuche, anderen davon zu erzählen. Man kann sie auch als ›Kirchengeschichte‹ lesen, als Antwort auf die Frage: Wie könnte denn eine Kirche aussehen, die den Osterglauben überzeugend verkünden will. Vier Leitbilder, vier Skizzen einer österlichen Kirche habe ich entdeckt:

Zunächst einmal eine fragende Kirche: Die Emmaus-Jünger fragen sich durch. Sie versuchen, ihre Gedanken zu ordnen, ihre Hoffnungen und Enttäuschungen auszusprechen. Sie sind noch nicht fertig mit dem, was in Jerusalem geschehen ist. Sie suchen nach einer Deutung.

Und auch der Fremde, dem sie begegnen, kommt nicht mit Antworten – er fragt. So stelle ich mir eine österliche Kirche vor: Ein Klima, das vom gemeinsamen Suchen und Fragen geprägt ist und nicht von fertigen Antworten. Gemeinden, die sich als Suchtrupps des Lebens verstehen, in denen Menschen Zeit haben, zum Glauben zu finden.

Dann eine teilende Kirche: Wenn der Fremde das Brot bricht und an die Jünger austeilt, dann ist das die Bestätigung für das, was schon unterwegs geschehen ist: Sie haben sich ausgetauscht, den anderen teilnehmen lassen an ihrer Enttäuschung, sie sind zur Gemeinschaft geworden. So könnte auch eine österliche Kirche heute aussehen: Menschen, die im wahrsten Sinn des Wortes ›etwas füreinander übrighaben‹, die sich gegenseitig das Brot des Lebens schenken – dabei steht Brot für alles, was den anderen am Leben hält: materielle Hilfe, ein gutes Wort, eine Geste der Versöhnung, Bereitschaft zum Zuhören. Erst beim Teilen des Brotes wird in der Emmausgeschichte der mitgehende Christus erkannt: Ein Hinweis für uns, nicht nur fürs eigene Brot zu sorgen; eine Warnung, nicht zu ›Eigen-Brötlern‹ zu werden.

Weiter eine feiernde Kirche: Ganz bewusst hat Lukas die Tischszene in seiner Emmauserzählung so geschildert, das seine Leser sofort an das letzte Abendmahl Jesu erinnert werden, und dass sie ebenso ihre sonntägliche Eucharistiefeier darin wiederentdecken können. Das gemeinsame Essen wird zum Fest, Erlösung und Befreiung wird spürbar. Eine Spur davon wünsche ich mir auch für unsere Gottesdienste heute: Nicht Pflichtveranstaltungen, absolviert mit einem Blick auf die Uhr, eingezwängt zwischen anderen Terminen – sondern Feste der Geistesgegenwart Gottes, getragen von allen, die mitfeiern, eingebettet in ein frohes und herzliches Gemeindeleben auch außerhalb der Kirchenmauern.

Und schließlich eine erzählende Kirche: Die beiden Jünger können ihre Erfahrung nicht für sich behalten, ebenso wenig die anderen, die sie in Jerusalem treffen. Durch das gegenseitige Erzählen bestärken sie sich in ihrer Hoffnung. Und wo Menschen so miteinander reden, kann Christus dazwischenkommen: »Während sie noch darüber redeten, trat er selbst in ihre Mitte«. Österliche Kirche als Erzählgemeinschaft – das wäre auch ein wichtiges Leitbild für heute: Wo einer dem anderen sagt, was ihm in seinem Leben wichtig geworden ist, wo eine Predigt herauswächst aus den Glaubenserfahrungen der Gemeinde und wieder neue Gespräche auslöst, da könnte der mitgehende Christus wieder ganz neu entdeckt werden.

Lukas hat Leitbilder einer österlichen Kirche skizziert. Unsere Chance wäre es, diese Skizzen auszumalen, ihnen Farbe zu geben, und sie als Baupläne für eine österliche Gemeinde zu benützen.

### Mundwerk und Handarbeit
*(Anpacken – und dann reden)*

»Durch die Hände der Apostel geschahen viele Zeichen und Wunder im Volk« *(Apg 5,12)*.

Eine interessante Antwort auf die Frage, warum sich der Osterglaube so schnell ausbreiten konnte: Das Wunder, dass viele Menschen die Heilkraft der Frohen Botschaft gespürt haben; das Wunder, dass in der Nähe der ersten Christen viele gesund wurden, aufatmen konnten, neu zu leben anfingen – diese Wunder geschahen nicht nur durch die Worte, sondern vor allem durch die Hände der Apostel. Nicht durch große Reden, sondern durch ihr Handeln haben sie bezeugt, dass Jesus lebt. Nicht als ›Wort-Führer‹, sondern als ›Handlungs-Reisende‹ haben sie viele für die Sache Jesu gewonnen. Nicht zuerst ihr ›Mundwerk‹ hat die Menschen für das Evangelium begeistert, sondern ihre zupackende und stützende ›Handarbeit‹.

Heute fragen manche: Warum geschehen denn in unserer Zeit so wenige Zeichen und Wunder? Warum erleben wir in unserer Kirche so wenig Überraschendes, so wenig, was neugierig macht und mitreißt?

Vielleicht sagen viele beim Thema Glaube und Kirche: »das berührt mich nicht!«, weil die Handarbeit bei uns zu kurz kommt und unsere Verkündigung zu wenig griffig, zu wenig handfest ist. Vielleicht werden deshalb manche nicht mehr vom Evangelium gepackt, weil bei uns zu viel geredet und gesessen, zu viel geschrieben und vor-geschrieben, aber zu wenig im Sinn Jesu gehandelt wird.

»Durch die Hände der Apostel geschahen viele Zeichen und Wunder im Volk.«

Das Wunder, dass jemand zum Glauben kommt, wieder aufleben kann und heil wird, seine Begabungen entdeckt und entfaltet, im Evangelium seine Kraftquelle und seinen Wegweiser findet – dieses Wunder geschieht dann, wenn ein anderer ihn an der Hand nimmt und aufrichtet, ihn mit Respekt behandelt und mit seinem Glauben in Berührung bringt. Deshalb habe ich an uns Christen, an unsere Gemeinden und an unsere Kirche drei Wünsche.

Der erste: Dass wir wie die Apostel im guten Sinn zu ›Handlangern‹ Jesu werden. Ein Handlanger ist einer, der für einen anderen Handreichungen ausführt, heißt es im etymologischen Wörterbuch. Für Jesus Handreichungen ausführen, in seinem Sinn anderen die Hände reichen und sie so hautnah seine Kraft spüren lassen – so könnten wir unsere Berufung verstehen. Ganz im Sinn einer Meditation, die mit dem Satz beginnt: »Christus hat keine Hände, nur unsere Hände, um seine Arbeit heute zu tun.«

Mein zweiter Wunsch: Dass wir – richtig verstanden – ›von der Hand in den Mund leben‹ – dass erst das in unseren Mund kommt, was wir vorher leben und praktizieren; dass wir von dem Glauben und den Überzeugungen reden, um die wir uns im täglichen Leben bemühen. Eine Regel der Bruderschaft von Gnadenthal bringt es auf den Punkt: »Rede von Christus nur, wenn du gefragt wirst. Aber lebe so, dass man dich fragt.«

Mein dritter Wunsch: Dass unsere Gemeinden so etwas wie ›Handarbeitskreise‹ werden – dass man bei uns spüren kann: Hier legen Christen Hand an und bauen mit am Reich Gottes. Hier ist etwas von der Gesinnung Jesu, von seinen Ideen und von seiner heilsamen Nähe mit Händen zu greifen.

»Durch die Hände der Apostel geschahen viele Zeichen und Wunder im Volk.«

Ich bin überzeugt: sie geschehen auch heute. Oft genügt schon eine kleine Handbewegung ...

### ›Anstößige‹ Himmelfahrtsbilder
*(Die Fußspuren Jesu entdecken und in seine Fußstapfen treten)*

»Was es ist: Christus gen Himmel gefahren und sitzend zur Rechten Gottes, wissen wir nicht. Es gehet nicht also zu, wie du aufsteigst auf einer Leiter im Haus. Sondern das ist's, dass er über allen Kreaturen und in allen Kreaturen ist.«

So vorsichtig wie Martin Luther in seinen Gedanken zum Fest Christi Himmelfahrt waren die Maler seiner Zeit nicht. Sie wussten genau, was es ist: Christus gen Himmel gefahren ... Auf ihren Bildern ist der in den Himmel entschwindende Jesus zu sehen, oder besser gesagt: meist ragen nur noch seine beiden Füße und der Saum seines Gewandes aus der Wolke am oberen Bildrand. Unter ihm ein kleiner Hügel, auf dem sich zwei leuchtende Fußabdrücke deutlich vom dunklen Erdreich abheben. Rings um den Hügel stehen Maria und die Jünger und starren verständnislos nach oben. Am rechten und linken Bildrand halten die beiden Männer in weißen Gewändern Spruchbänder in ihren Händen. Darauf ist in lateinischer Sprache zu lesen: »Ihr Männer von Galiläa, was steht ihr da und schaut zum Himmel empor?«

Diese Bilder des späten Mittelalters wirken auf den ersten Blick schlicht und kindlich – aber sie sind alles andere als ungefährlich. Sie verleiten zu dem Missverständnis, hier würde genau abgebildet, wie die Entrückung Jesu tatsächlich vor sich gegangen sei. Bei längerer Betrachtung lässt sich in diesen alten Bildern mit den Fußabdrücken Jesu allerdings eine tiefere Dimension entdecken. Da verlieren sie ihre Naivität und helfen uns, das Fest Christi Himmelfahrt richtig zu feiern. Da geben sie zwei wichtige Impulse für unser Christsein heute.

»Was steht ihr da und starrt zum Himmel empor?« Diese Frage könnte man ergänzen: Warum schaut ihr nicht auf die ›Eindrücke‹, die Jesus hier in unserer Welt hinterlassen hat? Sucht seine Spuren doch hier auf der Erde!

Sucht seine Spuren in den Geschichten, die er erzählt hat! Wenn ihr sie lest oder hört, dann spürt ihr doch etwas von seinem Geist, von seinen Hoffnungen und Träumen; dann ahnt ihr, wie er sich gerechtes und gütiges Leben vorgestellt hat; dann werdet ihr hineingezogen in seine Vision von der neuen Welt Gottes; dann entdeckt ihr, wofür er gelebt und gekämpft hat.

Sucht seine Spuren in dem Mahl, das ihr zu seinem Gedächtnis feiert! Wenn ihr Brot und Wein auf den Altar stellt, dann steht euch in diesen Zeichen sein Leben vor Augen, sein Dienst, sein ›Sich-verzehren-lassen‹ von aller Menschen Not *(GL 620)*; dann spürt ihr, welche stärkende Kraft von ihm ausgeht; dann erlebt ihr, wie die Gemeinschaft um seinen Tisch auch heute noch Mut macht und trägt.

Sucht seine Spuren in den Menschen, denen ihr begegnet! Wenn ihr sie mit ihren Fragen und Hoffnungen, mit ihren Sorgen und Ängsten ernst nehmt, wenn ihr sie offen und interessiert anschaut, dann entdeckt ihr in ihren Gesichtern den fragenden, den bittenden, den herausfordernden Jesus, der gesagt hat: »Was ihr für einen meiner geringsten Brüder getan habt, das habt ihr mir getan.«

»Schaut nicht hinauf« – der erste Impuls der alten Himmelfahrtsbilder. Sucht seine Spuren auf der Erde!

»Ihr werdet meine Zeugen sein« – lautet der zweite Impuls, oder im Sinn der alten Himmelfahrtsbilder: Tretet in seine Fußstapfen! Erzählt seine Geschichten weiter. Werdet erfinderisch und überlegt, wie ihr auch andere für seine Worte und für seine Ideen begeistern könnt.

Tretet in seine Fußstapfen und ladet Leute ein um seinen Tisch, werdet eine einladende Gemeinschaft, in der anderen aufgeht: Hier finden wir etwas, das unseren Lebenshunger und Lebensdurst wirklich stillt; hier erleben wir, wie das Teilen von Brot und Wein verbindet.

Tretet in seine Fußstapfen und geht wie er zu den Menschen. Macht Mut; helft mit, dass sie aufatmen und befreit lachen können; dass sie ein Ansehen haben und menschenwürdig leben können.

Martin Luther hatte recht: An Christi Himmelfahrt feiern wir, dass Christus über allen Kreaturen und in allen Kreaturen ist. Und die alten Bilder mit den großen Fußabdrücken Jesu können uns helfen, ihn immer mehr als den Herrn allen Lebens zu erkennen – wenn wir hier auf der Erde seine Spuren suchen und in seine Fußstapfen treten.

### Johannes in der Talkshow
*(Mit Jesus das Leben gewinnen)*

Talkshows sind ›in‹. Prominente werden zum Gespräch eingeladen und dürfen über ihr Leben, ihren Beruf, ihre Ideen und Pläne erzählen.

In den Gottesdiensten der Osterzeit hören wir Texte des Evangelisten Johannes, und ihn würde ich gerne in einer solchen Talkshow erleben – um seine Gedankenwelt näher kennen zu lernen und zu erfahren, was er mir mit seinem Evangelium besonders ans Herz legen will. Also stelle ich mir vor, in der Talkshow »Christen fragen Evangelisten« wäre er jetzt zu Gast:

Talkmaster: Verehrter Johannes, Ihr letzter öffentlicher Auftritt liegt schon lange zurück. Umso mehr freut es uns, dass Sie sich heute unseren Fragen stellen. Isaac Newton, der bekannte Naturforscher, hat einmal gesagt:

»Wir müssen das Evangelium nicht lesen, wie ein Notar ein Testament liest, sondern wie es der Erbe liest.« Wie soll man denn Ihr Evangelium lesen?

Johannes: Ein hervorragender Vergleich! Der Notar liest ein Testament distanziert. Er prüft, ob alles juristisch korrekt ist. Ganz anders der Erbe: Wenn ihn eine besondere Beziehung mit dem Verfasser des Testaments verbindet, liest er seine Worte mit innerer Anteilnahme. Er fühlt sich ihnen verpflichtet und möchte sie beherzigen. Genauso soll man die Worte Jesu lesen, die ich aufgeschrieben habe. Sie sind von mir bewusst als sein Vermächtnis formuliert, als sein Testament, in dem er uns als Erben einsetzt und reich beschenkt.

Talkmaster: Das Erbe, das Jesus uns hinterlässt, nennen Sie ›ewiges Leben‹. Das klingt nach Tod und Jenseits. Hat Jesus uns nichts hinterlassen, was jetzt schon erfahrbar ist?

Johannes: Sie haben Recht – dieser Begriff wird heute nur noch für ein Leben jenseits der Todesgrenze benützt. Damit trifft er nicht mehr das, was ich unter dem Vermächtnis Jesu verstehe. Deshalb schlage ich vor, lieber vom ›neuen‹, ›wahren‹ oder ›erfüllten Leben‹ zu sprechen: es beginnt schon jetzt – in dem Moment, in dem ich mich für den Glauben an Jesus Christus entscheide – und es hört im Tod nicht auf.

Talkmaster: Gut, sagen wir ›neues‹ oder ›wahres‹ Leben. Das klingt aber immer noch sehr abstrakt. Was genau sollen wir uns denn darunter vorstellen?

Johannes: Einmal habe ich es so formuliert: »Das ist das ewige – oder das neue – Leben: dich, den einzigen wahren Gott, zu erkennen und Jesus Christus, den du gesandt hast *(Joh 17,3).*« Das bedeutet: Jesus Christus erkennen als den, der uns den Willen Gottes anschaulich vorlebt. Mit ›Erkennen‹ meine ich einen dynamischen Prozess: Jesus suchen; sich ihm annähern; sich in seine Botschaft vertiefen – oder wie ich gerne sage: nach seinem Wort hungern und dürsten; sich von ihm existentiell ergreifen lassen. Das alles gibt unserem Leben eine neue Qualität, führt uns in ein erfülltes Leben hinein.

Talkmaster: Können Sie noch etwas konkreter sagen, worin der ›Mehr-Wert‹ einer christlichen Lebenspraxis besteht? Heute fragen ja viele: Was bringt's mir, wenn ich Christ bin? Was habe ich davon, wenn ich mich an der Botschaft Jesu orientiere? Darf man überhaupt so fragen?

Johannes: Natürlich! Wenn sich durch den Glauben an Jesus Christus bei mir nichts zum Guten hin verändert – welchen Sinn hat er dann? Ich habe in meinem Evangelium verschiedene Antworten versucht und sie Jesus in den Mund gelegt. Ich lasse ihn selbst durch Bildworte erklären, was es bringt, sich auf sein Leben und seine Botschaft einzulassen.

Wer sich auf Jesus einlässt, der hat ein habhaftes Lebens-Mittel; der kann aus der Beziehung mit ihm Kraft schöpfen; der findet bei ihm Worte, die stärken und aufbauen. Deshalb lasse ich ihn sagen: »Ich bin das Brot des Lebens.«

Wer sich auf Jesus einlässt, dem geht auf, dass er in seinem Leben nicht auf sich allein gestellt ist, sondern geführt, begleitet und geschützt wird; der spürt, dass jemand um ihn besorgt ist. Deshalb versichert Jesus in meinem Evangelium den Menschen: »Ich bin der gute Hirte. Ich kenne die Meinen, und die Meinen kennen mich.«

»Ich bin die Tür, der Weg, der Weinstock«, – auch diese Bildworte lege ich ihm in den Mund. Wer sie nicht distanziert wie ein Notar liest und hört, sondern interessiert und dankbar wie ein Erbe, dem kann aufgehen, was neues, wahres und erfülltes, was ewiges Leben bedeutet.

Talkmaster: Verehrter Johannes, Martin Luther hat Sie einmal als ›Wiederkäuer‹ bezeichnet, weil Sie das große Thema Ihres Evangeliums in immer neuen Variationen wiederholen: »Wer an Jesus glaubt, hat das ewige Leben.« Ich bin sicher: Wir brauchen diese Wiederholungen, um uns Schritt für Schritt an diese wirklich frohe Botschaft heranzutasten.

Deshalb hoffe ich, dass es auch in unserer Reihe »Christen fragen Evangelisten« eine Wiederholung mit Ihnen gibt. Herzlichen Dank für das Gespräch!


**Pass auf! Sie beten wieder ...**
*(Die Hände falten – aber nicht in den Schoß legen)*

Wir beten für den Frieden – und der Krieg geht unvermindert weiter.

Wir beten darum, dass Menschen, die wir gern haben, wieder gesund werden – und sie müssen dennoch sterben.

Wir beten um Hilfe in unseren Lebenskrisen – und werden oft nicht erhört.

Beten wir nicht richtig, nicht intensiv genug? Haben wir falsche Vorstellungen von der Wirkung unserer Gebete? Oder müssen wir uns erst noch von dem Gedanken verabschieden, Gott sei eine Art himmlischer Neckermann, der alles möglich macht?

Zwei Umschreibungen dessen, was beten heißen kann, helfen mir in diesen Fragen weiter:

Die erste: Beten heißt sich verändern lassen – und

eben nicht Gott verändern wollen, ihm Bedingungen stellen, ihn dazu drängen, der Erfüllungsgehilfe meiner Wünsche zu werden. Dionys der Syrer hat dieses Gebetsverständnis in ein treffendes Bild gebracht: »Menschen, die beten, sind wie Männer in einem Schiff. Sie haben dieses mit einem Seil am Ufer festgemacht. Jetzt ziehen sie mit allen Kräften an dem Seil. Das Ufer bewegt sich nicht, wohl aber das Schiff. Es nähert sich der rettenden Sicherheit des Ufers.« Wenn ich bete, weitet sich mein Horizont, entdecke ich neue Zusammenhänge, lerne ich meinen eigenen Willen besser kennen und taste mich so an das heran, was Gott mit meinem Leben vorhat. Beten – sich verändern lassen.

Und die zweite Umschreibung: Beten heißt das Handeln vorbereiten – und eben nicht dem Handeln ausweichen, die Hände falten und in den Schoß legen, Verantwortung abschieben. Beten befreit nicht vom Engagement, sondern zum Engagement. Wer nicht mehr betet, hat sich mit den Zuständen abgefunden und die Sehnsucht nach Veränderung verloren. Ich habe von César Chávez, dem amerikanischen Bauernführer gelesen, der sich seit langem für die Rechte der mexikanischen Einwanderer einsetzt, und der jede seiner Aktionen durch Beten und Fasten vorbereitet. Seine Gegner sagen dann: »Pass auf! César Chávez hat etwas vor. Er betet wieder.« Beten – das Handeln vorbereiten.

Wenn man das von uns sagen könnte: Pass auf! Sie haben etwas vor. In diesen Tagen vor Pfingsten beten sie wieder um die Gaben des Geistes. Sie wollen die Geistlosigkeit entdecken, die sich in ihr Leben eingeschlichen hat, und sich neu begeistern lassen zum Handeln im Sinn Jesu. Pass auf! Sie haben etwas vor. In diesen Tagen vor Pfingsten beten sie wieder um die Einheit der Christen.

Sie wollen sich nicht mit der Spaltung abfinden und suchen neue Wege zueinander. Wenn man das von uns sagen könnte: Pass auf! Sie beten wieder ...

### Ein Webfehler und der Heilige Geist
*(Die eigenen Muster unterbrechen lassen)*

Wenn die Navajos einen Teppich herstellen, dann weben sie – habe ich gelesen – bewusst in einer Ecke einen kleinen Webfehler ein. Den betrachten sie als die Stelle, an der der Geist in den Teppich hinein- und aus ihm herausgeht: Dort, wo das exakte Muster unterbrochen wird, bekommt der Geist eine Chance.

»Der hat einen Webfehler.« Das kann man bei uns von einem Menschen sagen, den man für verrückt hält. An Pfingsten – als der Geist Jesu, der Heilige Geist einen Zugang zu den Aposteln fand, als sie be-geistert das Evangelium von Jesus Christus verkündeten – da sagten die anderen: »Die haben einen Webfehler! Die sind nicht ganz bei Verstand! Die sind verrückt oder betrunken!«

Die Geschichte der Kirche beginnt – könnte man salopp formulieren – mit einem Webfehler. Am Anfang steht nicht eine »konstituierende Mitgliederversammlung..., bei der sich die Jünger ... unter der Leitung von Petrus auf eine für alle Völker und alle Zeit unverändert gültige Verfassung geeinigt hätten« *(Eleonore Beck)*. Am Anfang steht nicht das exakte Muster – Grundsätze, die man bewahren und vor jeder Veränderung schützen muss –, sondern ein Webfehler: Das Hereinbrechen des Heiligen Geistes in das Haus und in die Menschen, die im Vertrauen auf Jesus dort warten: Ängstliche bekommen Mut, Zögernde geraten in Bewegung, Unsichere werden Zeugen.

Und es waren immer Menschen mit kleinen Webfehlern, begeisterte und begeisternde Christen, die der Kirche zu einem neuen Pfingsten verholfen haben.

Ich denke an Franz von Assisi, den verrückten Aussteiger, dem die Kinder auf der Straße ›Idiot‹ und ›Spinner‹ nachgerufen haben, und der selbst einmal geäußert hat: »Der Herr sagte mir, er wolle, dass ich ein frischgebackener Narr in der Welt sei ...« Er durchbricht das Muster einer reichen und machtgierigen Kirche und versucht mit seiner sanften Revolte, sie wieder auf den Boden des Evangeliums zurückzuführen.

Ich denke auch an den liebenswürdigen und humorvollen Johannes XXIII., über dessen Alter und Leibesfülle man sich in Rom lustig machte. Viele der steifen Formen, in die ein Papst gezwängt wird, ignorierte er einfach. In einem Moment plötzlicher Eingebung kündigte er das II. Vatikanische Konzil an, das er selbst als neues Pfingsten verstand. Auf die Frage, was er sich von diesem Konzil erhoffe, soll er das Fenster in seinem Arbeitszimmer weit geöffnet und gesagt haben: »Dass es frische Luft hereinlässt!« Und wie beim ersten Pfingsten wurden damals ängstliche Bischöfe mitgerissen, ein neuer Geist hielt Einzug in die Kirche.

Mein Pfingstwunsch an unsere Kirche wäre, dass sie sich von der Webkunst der Navajos inspirieren lässt, dass sie kleine Webfehler zulässt – als Türen für den Heiligen Geist: Denn ihre Sprache wird geistlos, wenn sie zu bloßen Formeln erstarrt, wenn Worte nicht mehr aufhorchen lassen und neugierig machen auf das Evangelium. Ihre Strukturen werden geistlos, wenn nur an den alten Mustern weitergewoben wird, wenn durch Festhalten an eingefahrenen Gewohnheiten die Offenheit für Überraschendes und Neues verlorengeht.

Und da wir alle miteinander Kirche sind, heißt mein Pfingstwunsch an Sie:

Machen Sie's wie die Navajos – erlauben Sie sich einen Webfehler im oft so eintönigen Muster Ihres Alltags! Gönnen Sie sich kleine ›Aus-Zeiten‹ für Stille und Gebet, für etwas, das Sie begeistert und erfüllt!

Machen Sie's wie die Navajos – erlauben Sie sich einen Webfehler im oft so festgefahrenen Umgang mit anderen Menschen! Durchbrechen Sie das geistlose Verhaltensmuster, immer mehr haben und immer besser sein zu wollen. Machen Sie sich selbst die Freude, ihre Talente für andere einzusetzen!

Und wenn dann jemand von Ihnen behauptet, Sie hätten einen Webfehler, können Sie lächelnd antworten: »Hoffentlich!« oder »Gott sei Dank«!

### Herzlichen Glückwunsch!
*(Der Kirche gratulieren – und zu einer Kur raten)*

Verehrte Jubilarin! Jedes Jahr an Pfingsten wird dein Geburtstag gefeiert. Weltweit treffen sich in diesen Tagen deine Freunde in großen und kleinen Gruppen. Sie blicken auf dein bewegtes Leben zurück. Sie erzählen sich, wie stürmisch es bei deiner Geburt zuging. Sie erinnern sich an deine Feuertaufe und an die Begeisterung deiner ersten Lebensjahre.

Ich will mich heute einreihen in die Schar deiner Gratulanten. Die Lebensaufgabe, die dir in die Wiege gelegt wurde, hast du bis ins hohe Alter hinein nie aus den Augen verloren: Den Menschen das Evangelium zu verkünden, ihnen Halt und Trost zu geben, ihre Hoffnung wach zu halten. Dafür herzlichen Dank!

Bei allem Respekt vor deinen Verdiensten möchte ich aber den Kummer nicht verschweigen, den du mir zur Zeit bereitest. Ehrlich gesagt: Ich habe große Angst um dich. Du bist blass und farblos geworden. Dein Herz will nicht mehr so recht mitmachen. Oft stelle ich bei dir auch eine gewisse Sehschwäche und eine zunehmende Schwerhörigkeit fest. Du nimmst kaum noch wahr, wie viele dir enttäuscht den Rücken kehren, und du hörst nicht mehr die Stimme derer, die dir Rat und Hilfe anbieten.

Deshalb, verehrte Jubilarin, meine dringende Bitte: Entschließe dich zu einer intensiven Kur! Denk wieder an deinen Wahlspruch, der mir so sympathisch ist: »Ecclesia semper reformanda« – die Kirche soll sich immer erneuern! Erinnere dich an die Verjüngungskur des II. Vatikanischen Konzils, aus der du frisch und vital hervorgegangen bist! Lass dich von den Texten der Bibel auf den Weg der Besserung führen!

Dann – davon bin ich überzeugt – wirst du wieder offene Ohren haben für die Anliegen deiner Freunde und die Hilferufe der Menschen. Deine Sehkraft wird wieder zunehmen. Dir geht auf, wie wichtig es ist, nicht nur zurückzuschauen und sich im Glanz vergangener Zeiten zu sonnen, sondern nach vorn zu blicken und neue Aufgaben zu entdecken. Auch deine Herzschwäche ist heilbar. Du wirst wieder ein weites Herz bekommen, in dem die unterschiedlichsten Menschen Platz haben. Du lernst, gegensätzliche Meinungen in Liebe zu ertragen, und die Freiheit, von der du sprichst, kann an dir selbst erlebt werden. Und so wird auch wieder Farbe in dein Gesicht kommen. Es wird Freude und Hoffnung ausstrahlen, es wird etwas widerspiegeln von der Menschenfreundlichkeit Gottes.

Verehrte Jubilarin! Als Geburtstagsgeschenk bringe ich dir meine Bereitschaft, an deiner Gesundung mitzuhelfen, und mein Versprechen, auch andere dafür zu begeistern. Denn wir brauchen dich und erwarten noch viel von dir.

### Ein Fahrstuhlführer aus Babel erzählt ...
*(Auf dem Boden bleiben)*

Seit langer Zeit arbeite ich hier im Turm zu Babel als Liftboy. Und ich erlebe täglich, wie es zugeht, wenn Menschen nach oben und immer höher hinaus wollen, wenn sie zur ›High Society‹ gehören und sich einen Namen machen wollen. »Je weniger mitfahren, desto schneller sind wir oben«, sagen sie. »Der Fahrstuhl nach oben ist besetzt«, rufen sie und versperren die Aufzugstüren. »Wir waren zuerst da«, schreien sie nach draußen und lassen unterwegs keinen mehr zusteigen.

Je weiter wir nach oben kommen, desto doppelzüngiger reden sie, um die noch übriggebliebenen Mitfahrerinnen und Mitfahrer loszuwerden. Längst frage ich meine Fahrgäste nicht mehr, warum sie in den Lift eingestiegen sind. Die Antworten sind immer dieselben: »Geld, Macht, Ansehen«, sagen die einen. »Die Welt ist nun einmal so«, meinen die anderen, »wer nicht mitfährt, bringt's zu nichts.« Und bei allen, die in den Fahrstuhl drängen, habe ich eine große Angst gespürt – die Angst, zu kurz zu kommen, etwas zu versäumen.

Einmal allerdings musste ich um meinen Job zittern: Ein paar einfache Männer kamen zum Turm und wollten die Leute davon abhalten, in den Lift zu steigen. »Wir waren auch auf dem Weg hierher – genauso wie ihr«, sagten sie. »Aber dann sind wir einem begegnet, der uns gezeigt hat, dass es auch ohne Turm und Fahrstuhl geht. Er hat unser Leben ganz schön durcheinandergewirbelt und viele unserer Pläne und Wünsche einfach weggefegt – aber er war so überzeugend, dass wir Feuer gefangen haben und in seinem Geist leben möchten. Von ihm wissen wir: Wir müssen nicht unbedingt nach oben. Wir können auf dem Boden bleiben. Hier unten finden wir das Leben, das wir suchen. Wer der Größte sein will, sieht im anderen immer den Konkurrenten. Gemeinschaft, Solidarität und Vertrauen können nur wachsen, wenn wir auf Augenhöhe mit unseren Mitmenschen bleiben.«

So lockten sie die Leute vom Turm weg. Sie stellten ein Zelt auf und kümmerten sich um die, die beim Weg nach oben auf der Strecke geblieben waren, um die Verlierer beim Kampf um die ersten Plätze. Sie begannen, Brücken zu bauen, damit Menschen zueinander gehen konnten. Viele waren von ihnen begeistert: »Die tun, was sie sagen. Das ist die Sprache, die wir verstehen.« Eine große Zahl schloss sich ihnen an, es entstand eine richtige Anti-Turm-Bewegung.

Mittlerweile ist es ruhiger geworden um diese Gruppe. Es wurde entdeckt, dass sie anstelle von Brücken auch manchmal kleine Türme baut, und einige von ihnen sind schon heimlich in meinem Lift mitgefahren.

Aber trotzdem lassen mir diese Leute keine Ruhe. Sie erinnern mich an meine eigenen Schwierigkeiten zu Beginn meiner Karriere als Fahrstuhlführer. Das Transparent, mit dem sie lange Zeit durch die Straßen gezogen waren, geht mir nicht aus dem Kopf: »Brücken statt Türme« war in großen Buchstaben darauf geschrieben. Und ich hatte wirklich den Eindruck: Sie freuen sich, wenn andere den Weg zu ihnen finden. Bei ihnen kann man aufatmen und sich wohl fühlen.

Manchmal habe ich schon mit dem Gedanken gespielt: Was wäre, wenn ich mich ihnen anschließen und meinen Platz im Fahrstuhl verlassen würde ...

# Die großen ›Unterbrechungen‹

## Hochfeste und Feste im Kirchenjahr

Für Spätzünder
*(Darstellung des Herrn)*

»Alle Jahre wieder« – so hat ein Karikaturist seinen Cartoon genannt, mit dem er uns zur Frage provozieren will: Was bleibt eigentlich von Weihnachten? Im ersten von sechs Bildern zeichnet er in wenigen Strichen eine fröhliche Familie bei der Bescherung unter dem strahlenden Christbaum. Auf dem nächsten sieht man die Kinder vergnügt mit den Geschenken spielen, während sich die Eltern schon langsam zurückziehen. Von der Festfreude ist im dritten Bild nicht viel übrig geblieben: Die Kinder haben sich in den Haaren, kaputte Geschenke liegen auf dem Boden, die Kerzen am Baum brennen nicht mehr. Das vierte Bild zeigt die Mutter, die die Spuren des Streits beseitigt und alles zusammenfegt, während im fünften der Vater den Christbaum mitsamt der Krippe vom Balkon auf die Straße wirft. Auf dem letzten Bild ist ein Arbeiter der Müllabfuhr damit beschäftigt, Dutzende von Bäumen und Krippen abzutransportieren.

»Alle Jahre wieder« – so stichelt der Karikaturist – geht man nach dem Fest schnell zur Tagesordnung über: Man streitet wie vorher, und es sieht so aus, als ob mit den äußeren Zeichen gleich die ganze Weihnachtsbotschaft wieder über Bord geworfen würde.

Was bleibt eigentlich von Weihnachten, wenn an ›Lichtmess‹ in vielen Wohnungen und Kirchen die letzten Bäume und Krippen weggeräumt werden? Gerade dieses Fest könnte uns einige Antworten geben:

Es bleibt der Trost, dass unser Blick auf Jesus ein Licht-Blick ist. Mit ihm in Berührung kommen heißt: heil werden. Durch ihn, durch seine Art zu reden und zu leben haben wir endlich einen Schimmer davon, was es heißt, Mensch zu sein und Mensch zu werden. Die Geschichte vom alten Simeon im Tempel, dem beim Anblick Jesu ein Licht aufgeht, bestätigt, was wir an Weihnachten gefeiert haben.

Es bleibt aber auch die Aufgabe, dieses Licht weiterzutragen, es mitzunehmen in die Tage und Wochen dieses Jahres hinein. Wir sollen andere anstecken mit unserer Hoffnung und dafür sorgen, dass keiner mehr ›unter-belichtet‹ bleiben muss. Die Lichterprozession, mit der an Lichtmess in vielen Gemeinden der Gottesdienst beginnt, will ein Zeichen dafür sein.

Und es bleibt schließlich eine Herausforderung: Nur eine Kerze, die sich entzünden lässt, kann ausstrahlen, wärmen und leuchten. Sie muss sich verzehren, um ihre Aufgabe zu erfüllen. Nur wer bereit ist, herzugeben, sich zu verschenken, kann im Geist Jesu leben. Die Kerzen, die heute geweiht werden und dann das Jahr über in unseren Kirchen brennen, erinnern uns daran, dass zwischen Krippe und Kreuz ein Leben im Dienst an den andern lag.

Was bleibt von Weihnachten? Lichtmess ist eine Chance, dass uns der Trost, die Aufgabe und die Herausforderung von Weihnachten noch einmal einleuchten.

Lichtmess ist so etwas wie ›Weihnachten für Spät-Zünder‹, und wer möchte schon als ›Blind-Gänger‹ durch dieses Jahr und durch sein Leben gehen?

## Schmunzeln – und nachdenken
*(Verkündigung des Herrn)*

Auf den ersten Blick sieht alles ganz traditionell aus: Der Erzengel Gabriel mit dem Spruchband »Ave Maria, gratia plena, dominus tecum« – »Gegrüßet seist Du, Maria, voll der Gnade, der Herr ist mit Dir!«. Ihm gegenüber die kniende Maria mit einem Buch in der Hand. Darüber Gottvater mit der Weltkugel, umgeben von zwei kleineren Engeln, die den Vorhang halten, vor dem sich die Szene abspielt.

Wer die Verkündigungsdarstellung am Nordportal der Würzburger Marienkapelle allerdings genauer anschaut, muss zunächst einmal schmunzeln: Man kann eine Verbindung zwischen dem Mund von Gottvater und dem Ohr Marias entdecken – sie sieht aus wie ein Rohr oder ein Schlauch.

Wenn man sich den Anfang dieses Rohres bei Gott denkt, wird es zum Sprach-Rohr: Die Botschaft des Engels ist nichts anderes als das Wort Gottes, das über ein Sprachrohr von seinem Mund direkt ins Ohr Marias gelangt – ein Wort, das nur für sie bestimmt ist.

Wenn man den Anfang des Rohres bei Maria sieht, wird es zum Hör-Rohr: Sie lässt sich den Ruf Gottes ins Ohr, unter die Haut, zu Herzen gehen. Sie hört, horcht und ge-horcht: »Mir geschehe nach deinem Wort«.

Wer bei diesem Anblick neugierig geworden ist, wird noch ein weiteres köstliches Detail erkennen: Das

Sprachrohr, das Hörrohr oder der Schlauch wird plötzlich zur Rutschbahn. Über dem Haupt Marias sieht man das Jesuskind, das fleischgewordene Wort Gottes, bäuchlings – mit Armen und Kopf voraus – heruntergleiten und auf Maria zurutschen.

Ein Bild zum Schmunzeln, aber mit ›Tief-Gang‹ im wahrsten Sinn des Wortes.

Eine für manche vielleicht naive, aber doch sehr originelle Darstellung dessen, was wir am Fest ›Verkündigung des Herrn‹ feiern: Gott hat einen Menschen gefunden, bei dem er mit seinem Wort ›landen‹ und ankommen konnte, der ganz Ohr war für seinen Anruf.

Aber dieses Relief enthält weit mehr: Ein Drei-Punkte-Programm für unser Christsein, spirituelle Impulse, die uns gerade in der Fastenzeit tiefer in unseren Glauben hineinführen könnten:

Zum einen: Suche die Orte auf, an denen ›Rutsch-Gefahr‹ besteht – an denen das Wort Gottes in dich hineingleiten und einsickern kann. Feiere die Gottesdienste mit, in denen Gott über die Texte der Heiligen Schrift, über die Musik, über Symbole und Gesten einen Zugang zu dir finden will. Nimm dir Zeit für die private Bibellektüre und für das Gespräch über Glaubensfragen. Und versuche, in den oft stummen Bitten deiner Mitmenschen den Anspruch Gottes an dich herauszuhören.

Zum anderen: Entdecke die ›Rohr-Post‹, die Gott speziell für dich auf den Weg gebracht hat – das Wort, das dir ganz persönlich gilt. Finde heraus, wozu er gerade dich ruft; wie gerade du mit deinen Begabungen die Welt eine Spur menschlicher machen kannst.

Und schließlich: Lass dieses Wort zum ›Ohr-Wurm‹ werden – zur Melodie, die dir immer wieder durch den

Kopf geht. Spiele dein Lebensthema in den verschiedensten Variationen durch.

Ich möchte mit diesem erheiternden, aber auch zum Nachdenken anregenden Verkündigungsbild in die Fastenzeit hineingehen. Ich will versuchen, mir – wie Maria damals – das Wort Gottes ins Ohr gehen zu lassen. Und ich hoffe, nicht auf dem Schlauch zu stehen, wenn dieses befreiende und ermutigende Wort mir ganz tief ins Herz rutschen will ...

## Scotland Yard und der Dreifaltige Gott
*(Dreifaltigkeitssonntag)*

Scotland Yard – so heißt ein spannendes Detektivspiel. Das Spielfeld ist der Stadtplan von London, ein verwirrendes Straßennetz, in das sämtliche U-Bahn- und Buslinien eingezeichnet sind. Einer der Spieler ist der geheimnisvolle Mr. X, alle übrigen Mitspieler sind Detektive und versuchen, ihn in der Stadt aufzuspüren. Die Spielzüge von Mr. X kennt keiner der Mitspieler, sie wissen nur, welches Verkehrsmittel er gerade auf seinem Weg durch London benutzt. In bestimmten Abständen allerdings muss er auftauchen und sich zeigen. Die Detektive können anhand dieser Orientierungspunkte seinen bisherigen Weg rekonstruieren und sich eine Taktik ausdenken, um ihm auf der Spur zu bleiben.

»Wer sich auf Gott einlässt«, schreibt der frühere Aachener Bischof Klaus Hemmerle, »der lässt sich auf ein Abenteuer ein, ... aufs Spiel aller Spiele.« Und mir scheint, gerade Scotland Yard könnte uns helfen, das Spiel unseres Glaubens besser kennen zu lernen und uns an den Gott unseres Glaubens näher heranzutasten:

Auf der einen Seite wissen wir, dass er für uns immer der Geheimnisvolle bleiben wird, den wir nie ganz erfassen und in unseren Begriffen unterbringen können. »Fremd wie dein Name sind mir deine Wege« – gestehen wir in einem Kirchenlied ein. Auf der anderen Seite aber glauben wir, dass dieser unfassbare Gott in der Geschichte aufgetaucht ist, dass er sich gezeigt hat und weiterhin zeigt. Wir glauben, dass es Orientierungspunkte gibt, auf die wir immer wieder zurückkommen müssen, wenn wir von Gott reden wollen, Grunderfahrungen, die Menschen mit diesem Gott gemacht haben. Dem Volk Israel hat er sich gezeigt als Befreier aus ägyptischer Gefangenschaft, als herausfordernder, aber auch als verzeihender und gütiger Gott, den man Vater nennen konnte. In Jesus hat er sich sehen lassen. An diesem Menschen, an seinen Worten und Taten kann man ablesen, wie Gott ist. Und im Leben vieler begeisterter gläubiger Menschen entdecken wir, dass sein Geist in der Welt weiterwirkt.

Jedes Mal, wenn wir uns zum Gottesdienst treffen, rufen wir uns mit der Formel »Im Namen des Vaters und des Sohnes und des Heiligen Geistes« die drei entscheidenden Orientierungspunkte unseres Glaubens ins Gedächtnis. Sie helfen uns, Gott auch in unserem eigenen Leben auf der Spur zu bleiben. Das kann mitunter sehr anstrengend sein – aber kennen Sie ein spannenderes Spiel?

Ich wünsche Ihnen einen guten Spürsinn und viel Erfolg bei der Spurensicherung!

## Attraktion, Demonstration oder Provokation
*(Fronleichnam)*

»Ist das Fronleichnamsfest mit seinen farbenprächtigen Prozessionen heute nur noch eine folkloristische Attraktion?«

»Es wäre doch gar nicht so wenig, wenn unser Feiern an Fronleichnam im wahrsten Sinn des Wortes Attraktivität besäße; wenn das, was uns wichtig ist und wofür wir an diesem Tag auf die Straße gehen, auch auf andere Anziehungskraft ausüben würde; wenn wir andere für unsere Weggemeinschaft begeistern könnten; wenn andere zur Überzeugung kämen, dass wir uns nicht nur den Blicken der Leute aussetzen, sondern uns auch für sie einsetzen.«

»Wirkt so eine Fronleichnamsprozession nicht wie eine Demonstration?«

»Genau das soll sie auch sein. Wir wollen den Menschen etwas demonstrieren, etwas zeigen. Es geht jedoch nicht darum, selbstgefällig unsere Frömmigkeit zur Schau zu stellen. Wenn wir uns an Fronleichnam auf den Weg machen, dann unterscheidet sich unsere Demonstration von vielen anderen. Wir kommen nicht mit unseren Forderungen, sondern mit Gottes Angeboten. Wir präsentieren der Welt den, der unserem Leben Sinn und Orientierung gibt, der für uns so wichtig geworden ist wie das tägliche Brot. Wir tragen keine Transparente mit der Aufschrift: ›Wir verlangen, wir wollen, nieder mit den Mächtigen‹ und so weiter, sondern wir tragen ein hauchdünnes Scheibchen Brot mit uns, das transparent ist, das für uns den durchscheinen lässt, der gesagt hat: ›Ich diene, ich verschenke mich, hoch mit den Machtlosen.‹ Wir ziehen nicht gegen etwas zu Felde, sondern für jeman-

den, für den, dem wir ein erlöstes und befreites Leben verdanken. Wir machen keinen Protestmarsch, sondern einen Testmarsch, wir prüfen unsere Beweglichkeit, wir wollen sehen, ob wir uns mit ihm sehen lassen können.«
»Glauben Sie nicht, dass das Fronleichnamsfest für viele Nicht-Katholiken eine Provokation ist?«
»Wir hoffen sogar, dass wir mit diesem Fest im guten Sinn provozieren können. Wir wollen dadurch, dass wir selbst ins Freie gehen, andere herausrufen und hervorlocken aus ihrer Reserve. Unsere Provokation heißt: Was wir mit uns tragen, das verlangt auch von euch eine Entscheidung. Dieser Jesus Christus, den wir heute im wahrsten Sinn des Wortes auf dem Präsentierteller haben, könnte auch eurem Leben eine Perspektive geben. Unser Feiern soll andere einladen, das Leben Jesu genauer anzuschauen und mit uns zu gehen.«

### Gipfeltreffen
*(Verklärung des Herrn)*

Gipfeltreffen, bei denen die Hälfte der Teilnehmer schläft oder vom Geschehen nicht viel mit bekommt, bei denen manche die Lage falsch einschätzen, und bei denen am Ende kaum etwas Handfestes an die Öffentlichkeit dringt – solche Gipfeltreffen sind sicher nicht außergewöhnlich.

Wenn sich aber auf einem Berggipfel Personen aus verschiedenen Jahrhunderten treffen, wenn Jesus und drei seiner Jünger mit Mose und Elija zusammenkommen, wenn bei dieser Begegnung das Gewand Jesu leuchtend weiß wird, wenn die schlafenden Jünger plötzlich aufwachen und Jesus mit seinen beiden Gesprächspartnern aus vergangenen Zeiten in strahlendem Licht sehen, wenn der übereifrige Petrus sofort ein paar Hütten bauen will, wenn dabei eine Wolke alles in den Schatten stellt und den Jüngern Angst einjagt, wenn dann noch eine Stimme aus der Wolke ruft: »Das ist mein auserwählter Sohn, auf ihn sollt ihr hören!«, und wenn schließlich keiner etwas davon weitererzählt – dann kann man schon von einem außergewöhnlichen ›Gipfeltreffen‹ sprechen.

Gibt es für die Geschichte von Jesu Ver-klärung eine plausible Er-klärung? »Auf ihn sollt ihr hören« – um diesen Satz zu begründen, ist unsere Symbolgeschichte geschrieben worden, und um diesen Wunsch zu bekräftigen, feiern wir das Fest ›Verklärung des Herrn‹.

Auf ihn sollt ihr hören – weil er euch nach oben, in die Nähe Gottes führen kann.

Auf ihn sollt ihr hören – weil in seinen Worten und Taten der Himmel schon durchschimmert, weil er etwas ausstrahlt, weil er wie ein Licht Orientierung in euren Dunkelheiten sein kann.

Auf ihn sollt ihr hören – weil er der von Elija und den Propheten ersehnte Retter ist, und weil er wie Mose seine Leute in die Freiheit führt.

Auf ihn sollt ihr hören – auch wenn manches an seiner Botschaft unfassbar wie eine Wolke bleibt und ihr euch in den schönen Erfahrungen seiner Nähe nicht häuslich einrichten könnt.

Wenn Christen sich darum bemühen, auf sein Wort zu hören; wenn sie versuchen, wach zu bleiben, durchzublicken und die gegenwärtige Situation ernst zu nehmen; und wenn sie dann darangehen, in diese Situation hinein offen das weiterzuerzählen, was sie an Jesus fasziniert – dann könnte man auch ihre sonntäglichen Zusammenkünfte als gelungene ›Gipfeltreffen‹ bezeichnen.

**Das große Plus**
*(Kreuzerhöhung)*

Am 14. September im Jahr 320 soll Kaiserin Helena in Jerusalem das Kreuz Jesu gefunden haben. Ihr Sohn, Kaiser Konstantin, ließ am Fundort die sogenannte Grabeskirche erbauen, die genau 15 Jahre später eingeweiht wurde. Bei diesen Festlichkeiten hielt der Bischof zum ersten Mal die große Kreuzreliquie hoch und zeigte sie dem Volk zur Verehrung.

Was der Bischof von Jerusalem damals tat, was er jährlich wiederholte, und was sich schließlich zum Fest Kreuzerhöhung entwickelte, das ist – in übertragenem Sinn – die Grundaufgabe aller Christen: das Kreuz hochhalten.

Uns wieder bewusst zu machen, was das Kreuz für uns bedeutet; was wir in unserem Leben hochhalten wollen – dazu lädt uns dieses Fest ein.

Das Kreuz ist zunächst einmal ein Zeichen der Zumutung: Mir wird ja zugemutet, einen Menschen, der als Verbrecher gekreuzigt wurde, meinen Herrn und Gott zu nennen. Mir wird ja zugemutet, auf einen schwachen und ohnmächtigen Gott zu hoffen.

Im vorletzten Jahrhundert hat man auf dem Palatin in Rom etwas Interessantes entdeckt: Unter dem Trümmerschutt einer alten römischen Kadetten-Anstalt fanden Forscher an der Wand ein Kreuz. Es war mit einem Nagel oder mit einem Messer primitiv in den Wand-Verputz eingeritzt. Ein Junge ist dargestellt, der betend seine Hände zum Kreuz erhebt. Dort hängt ein Mann – aber sein Kopf ist ein Eselskopf. Darunter steht in ungelenken Buchstaben: »Alexamenos betet seinen Gott an«. Diese Karikatur ist so um das Jahr 125 entstanden und ist eines der ältesten Bilder vom Kreuz – aber eben ein Spott-Bild. Der Soldat, der es eingeritzt hat, muss sich gedacht haben: Ein Gott am Kreuz ist ein Esel, und wer ihn anbetet, ist es auch!

Ich glaube, nur wenn wir uns diese Provokation gefallen lassen, nur wenn wir diesen Widerspruch, dieses Paradox eines ohnmächtigen Gottes aushalten und nicht gleich vertuschen, kann uns die Frage weiter umtreiben: Was ist denn das für ein Gott, an den wir glauben?

Das Kreuz als Zeichen der Zumutung hochhalten bedeutet dann: Ich lasse mich durch dieses anstößige Zeichen immer wieder anstoßen, nach Gott und nach Jesus zu fragen.

Das Kreuz ist ein Zeichen des Todes: Ich werde mit dem Tod Jesu konfrontiert – und mit einem Glauben, der keine Erlösung vom Tod verspricht, sondern Erlösung im Tod. Ich muss mich mit meinem eigenen Tod auseinandersetzen – und mit einem Glauben, der mir diesen Tod nicht erspart.

Vielleicht kann uns der Blick aufs Kreuz zu einer nüchternen und realistischen Sicht unseres Leben verhelfen. Vielleicht entdecken wir so, dass erst durch den Tod das Leben seine Tiefe, sein Gewicht, seine Einmaligkeit und Unwiederholbarkeit bekommt. Mit einem markanten Merksatz ausgedrückt: »Wer leben will, ohne zu sterben, wird sterben, ohne gelebt zu haben!«

Das Kreuz als Zeichen des Todes hochhalten bedeutet dann: Indem ich über den Tod nachdenke, lerne ich zu leben. Indem ich mir den Tod Jesu vergegenwärtige, lerne ich mit dem Paradox zu leben: »Im Kreuz ist Heil, im Tod ist Leben«.

Das Kreuz ist schließlich ein Zeichen des Protests: Wenn ich wirklich erlöst und befreit bin, dann brauche ich mich nicht mit der Wirklichkeit abzufinden, wie sie jetzt ist. Ich werde provoziert zu einem Kreuzweg gegen Ungerechtigkeit, gegen Not und Elend, das nicht hingenommen werden muss.

Die Freiheit, die uns geschenkt ist, können wir dazu nützen, so zu leben wie der, der für uns am Kreuz gestorben ist: indem wir die Machtspiele der Mächtigen durchkreuzen, indem wir gegen die Leid-Macher protestieren.

Das Kreuz als Zeichen des Protests hochhalten bedeutet dann: Ich versuche, mich im Namen des Gekreuzigten vor die zu stellen, die heute geschunden und aufs Kreuz gelegt werden.

Auch wenn das Wort vom Kreuz uns oft ein Rätsel bleibt, wenn uns dieses ›Kreuzworträtsel‹ ein Leben lang begleitet, und auch wenn wir die Herausforderung des Kreuzes nur bruchstückhaft einlösen – ich glaube, wir können trotzdem spüren und ahnen, dass dieses Kreuz das große Plus-Zeichen in unserem Leben ist, weil es das Scheitern nicht verschweigt und trotzdem darüber hinausblicken lässt.

### Dann sitzen sie fröhlich zusammen
*(Allerheiligen)*

»In der Nacht, so möcht' ich vermuten, dürfen sie sein, wie Gott sich wohl seine Heiligen vorstellt, selbst die aus Gips. Nun wie? Sagen wir: selig. Dann sitzen sie fröhlich zusammen und erzählen und singen und lachen (auch über uns, die wir solches ja niemals für möglich halten).«

Das wünscht sich Lothar Zenetti von den Heiligenstatuen, die tagsüber brav, blass und mit sanft geneigtem

Kopf in den Kirchen stehen. Ich möchte mich ihm anschließen und mir ausmalen, was sie sich bei ihrem fröhlichen Beisammensein so alles erzählen, was sie singen, und worüber sie lachen.

Sicher erzählen sie einander ihre Lebensgeschichten, die sich manchmal so spannend anhören wie ein Krimi – z.B. wenn der große Theologe Thomas von Aquin seine Story zum Besten gibt: »Meine adligen und reichen Eltern wollten, dass ich Bischof oder Papst werde – ich selbst wollte unbedingt in den Bettelorden der Dominikaner eintreten. Auf dem Weg zum Studium haben mich meine älteren Brüder gekidnappt und zwei Jahre lang gefangen gehalten. Um mich von meinen Klosterplänen abzubringen, schickten sie mir nette Mädchen in meine Zelle – ich habe sie mit einem glühenden Holzscheit vertrieben. Erst nachdem die Dominikaner meine heimliche Flucht organisiert hatten, konnte ich studieren und als Mönch die Professorenlaufbahn einschlagen.« Bestimmt sagen die Heiligen einander auch, welchem Lebensmotto sie gefolgt sind: »Was sind wir Knechte Gottes denn anderes als herumziehende Sänger und Spielleute, welche die Herzen der Menschen bewegen und erfreuen wollen!« – könnte Franz von Assisi in der Runde zum Besten geben.

Wenn die Heiligen singen, dann greift wahrscheinlich Cäcilia zu ihrer kleinen Orgel, und sie begleitet den heiligen Ambrosius von Mailand bei seinem berühmten Advents-Hymnus: ›Komm du Heiland aller Welt‹. Die heilige Hildegard trägt einige ihrer Gesänge und Kompositionen vor. Danach wünschen sich alle, dass Franziskus seinen Sonnengesang anstimmt. Thomas von Aquin wird gebeten, die schönen Lieder vorzusingen, die er für das Fronleichnamsfest geschrieben hat: ›Lobe Zion, deinen Hirten‹ oder das ›Tantum ergo‹. Und dann wollen sie gemeinsam singen: ›Einer hat uns angesteckt mit der Flamme der Liebe‹. Manchmal aber haben sie auch Lust auf einen flotten Dixie – dann laden sie sich Louis Armstrong mit seiner Trompete ein und schmettern ›O when the Saints go marching in.‹

Nun sind die Heiligen richtig in Stimmung, und sie fangen an, einander Schwänke und lustige Begebenheiten aus ihrem Leben zu erzählen. Jetzt kommt die große Stunde des Philipp Neri, den man den ›Spaßvogel Gottes‹ nennt: »Wisst ihr noch«, fängt er an, »wie ich einen jungen Adligen getestet habe, der in meine Gemeinschaft eintreten wollte? Um herauszubekommen, ob er auch Spott um der Sache Jesu willen ertragen könne, habe ich von ihm verlangt, sich einen Fuchsschwanz ans Hinterteil zu hängen und so durch die Straßen Roms zu laufen. Er ist zwar losmarschiert, aber nie wieder zurückgekommen …« Immer fröhlicher wird das Lachen der Heiligen, als Thomas Morus seinen englischen Humor aufblitzen lässt, und als Teresa von Avila ihr Gebet wiederholt: »Vor törichter Andacht und sauertöpfischen Heiligen bewahre uns, o Herr!«

»Dann sitzen sie fröhlich zusammen und erzählen und singen und lachen (auch über uns, die wir solches ja niemals für möglich halten).«

So möchte ich mir die Heiligen vorstellen – als Originale, als Suchende, die in Jesus Christus den Sinn ihres Lebens finden, und die ihre Talente in den Dienst seiner guten Sache stellen, als herzhafte Christen, durch die unsere Kirche lebendig und farbig wird – als Vorbilder, die unsere Phantasie anregen, wie wir selbst überzeugend und originell im Sinn Jesu leben können.

## Das Schwirren des Pfeiles
*(Allerseelen)*

Allerseelen, Volkstrauertag, Totensonntag – die Gedenktage im November konfrontieren uns mit unserer Vergänglichkeit und lassen Gedanken und Bitten in uns wach werden, die alle in einen Psalmvers einmünden: »Unsere Tage zu zählen, lehre uns! Dann gewinnen wir ein weises Herz« *(Ps 90,12).*

In der Regel zählen wir ja unsere Tage nicht. Wir verplanen sie und wir leben sie, als ob uns eine unbegrenzte Menge von ihnen zur Verfügung stehen würde. Es braucht schon einschneidende Ereignisse, um plötzlich vor der Tatsache zu stehen: Deine Tage sind gezählt, deine Lebenszeit kann nicht beliebig verlängert werden.

Der Dichter Jean Paul hat für diese Erfahrung ein einprägsames Bild gefunden: »Auf jeden Menschen wird in der Stunde der Geburt ein Pfeil abgeschossen, und dieser Pfeil trifft ihn in der Stunde des Todes. Aber manchmal mitten im Leben hören wir das Schwirren dieses Pfeiles.«

Der Tod eines nahen Verwandten, der Abschied von Freunden, die uns etwas bedeutet haben, die Gedenktage, die uns den Verlust lieber Menschen wieder ins Gedächtnis rufen – das sind Momente, in denen wir das Schwirren unseres eigenen Lebenspfeiles hören können. Wer vom Tod anderer Menschen betroffen ist, wer das Schwirren des Pfeils hört, der kann lernen, seine Tage zu zählen.

Und wer seine Tage zählt, wird versuchen, sie bewusst zu leben und zu gestalten, ihnen Sinn und Inhalt zu geben: Denn es wird ihm immer deutlicher vor Augen stehen, wie kostbar und wertvoll die einzelnen Stunden, Wochen und Jahre sind. Oder noch einmal mit einem prägnanten Wort des Dichters Jean Paul: »Das Leben gleicht einem Buch: Toren durchblättern es flüchtig, der Weise liest es mit Bedacht, weil er weiß, dass er es nur einmal lesen kann.«

Wer weiß, dass er jede Seite seines Lebensbuches nur einmal aufschlagen kann, dass jeder Augenblick einmalig und nicht wiederholbar ist, der wird sich darum bemühen, sehr sorgfältig mit seiner Zeit umzugehen, Wesentliches besser von Unwesentlichem zu unterscheiden.

Wer seine Tage zählt, wird auch versuchen, dankbar zu leben. Denn er wird immer klarer erkennen, dass wir keinen Anspruch auf Leben, Gesundheit oder Glück haben, dass wir das alles nur als Geschenk empfangen können, dass vieles im Leben nicht auf unserer eigenen Leistung beruht, sondern von der Zuwendung und Hilfsbereitschaft anderer abhängt. Dankbar leben – das heißt: sich freuen an dem, was wir genießen dürfen in unserer Lebenszeit, was gelingt, was wir unverdient erhalten.

Wer seine Tage zählt, wird schließlich versuchen, gütig zu leben. Denn er wird immer mehr spüren: Nicht auf das Haben, sondern auf das Sein kommt es an. Letztlich zählt nicht, was ich erarbeitet, gesammelt und erworben habe, was ich besitze, was mir gehört – sondern wer ich bin, wie ich zu anderen bin. Der holländische Theologe Henri Nouwen sagt: »Merkwürdigerweise ist es in unserem Leben so, dass wir uns vor allem den Kopf darüber zerbrechen, was wir haben oder noch haben können, während man sich an uns wahrscheinlich vor allem unter dem Gesichtspunkt erinnern wird, wer und wie wir gewesen sind – ob der Geist der Liebe, der Freude, des Friedens, der Geist des Verzeihens, des Mutes, der Ausdauer, der Hoffnung und des Glaubens unser Leben geprägt hat.« Gütig leben – das heißt: schenken, hergeben, los-

lassen können, und für andere ein aufmerksamer und hilfsbereiter Wegbegleiter sein.
»Unsere Tage zu zählen, lehre uns! Dann gewinnen wir ein weises Herz.« So können wir beten und bitten, wenn wir im Totenmonat November das Schwirren unseres Lebenspfeiles deutlicher als sonst hören.

## Ein Soldat denkt nach
*(Christkönigssonntag)*

Ich kann mir gut vorstellen, dass einigen Menschen die Bedeutung ihrer Begegnung mit Jesus erst viel später aufging; dass manche lange Zeit brauchten, bis sie etwas mit ihm und seiner Botschaft anfangen konnten.

Wie ein römischer Soldat, der die Kreuzigung Jesu miterlebt hat, etliche Jahre danach über dieses Ereignis denken könnte, habe ich mir einmal ausgemalt. Er könnte Folgendes in sein Tagebuch geschrieben haben:

»In den Jahren, die ich als Soldat der römischen Besatzungstruppen in Palästina verbringen musste, habe ich bei einigen Kreuzigungen mitgewirkt, aber an diese erinnere ich mich ganz genau. Ich sehe noch die Tafel vor mir, die über dem Gekreuzigten hing: ›Das ist der König der Juden‹. Und ich habe noch die Spottverse im Ohr, die man ihm zurief. Die Anführer der Juden schrien immer wieder, wer sich selbst nicht helfen könne, sei nie und nimmer der Messias, und ein Verbrecher, der neben ihm hing, stimmte in ihr Geschrei mit ein. Sie genossen es richtig, einen lästigen Propheten zur Strecke gebracht zu haben. Wir Soldaten ließen uns ebenfalls anstecken und machten uns über diesen seltsamen König lustig. Einer von uns bot ihm sogar Essig zu trinken an. Später jedoch verschlug es uns allen die Sprache. Unser Hauptmann, ein hartgesottener Bursche, fing plötzlich, nachdem der Gekreuzigte gestorben war, laut zu beten an und sagte zu allen, die noch dabeistanden: ›Das war wirklich ein gerechter Mensch.‹ Dieses Ereignis liegt viele Jahre zurück. Ich bin inzwischen wieder in Rom und verbringe hier meinen Lebensabend. Aber je älter ich werde, desto häufiger denke ich an diesen Jesus von Nazareth – wahrscheinlich deshalb, weil man fast täglich etwas Neues über seine Anhänger erfährt. Seit man seinen Freund Petrus und einen gewissen Paulus hier in unserer Stadt umgebracht hat, ist sein Name im Gespräch.

Ich kenne jetzt schon einige, die behaupten, dieser Jesus sei auferstanden; die sich offen zu ihm bekennen; die bereit sind, für ihr Bekenntnis in den Tod zu gehen. Wenn ich höre, wie sie die Geschichten von und über Jesus weitererzählen, und wenn ich sehe, wie sie in seinem Sinn zu leben versuchen, dann habe ich tatsächlich den Eindruck, dass er lebt und durch die, die an ihn glauben, bis heute weiterwirkt.

Wie kommt es, habe ich mich schon oft gefragt, dass ausgerechnet dieser Mann, den ich so ohnmächtig erlebt habe, so mächtig in das Leben vieler Menschen eingreift? Wie kommt es, dass gerade der, der damals so hilflos dem Gespött der Leute ausgeliefert war, heute so vielen helfen kann, ein gutes und erfülltes Leben zu führen? Was ich inzwischen über ihn weiß, legt mir folgende Antwort auf diese Fragen nahe: Seine Ausstrahlung und seine Wirkung sind wohl darin begründet, dass er das, was er anderen gepredigt hat, selbst bis zum Schluss lebte; dass er die Feindesliebe, die für ihn der Schlüssel für ein gewaltfreies Zusammenleben war, bis in den Tod hinein durchhielt. Seine innere Größe bestand darin, noch im Sterben für seine Henker zu beten, noch im Tod für andere da zu sein und ein gutes Wort für einen mit ihm gekreuzigten Verbrecher übrigzuhaben. Glaubwürdig wird er für mich dadurch, dass er sich für seine Botschaft, für seine Überzeugungen und Ideen aufs Kreuz legen ließ; dass ihn nichts und niemand davon abbringen konnte, den Armen und Verachteten zu verkünden und zu zeigen, dass Gott auf ihrer Seite steht. Je mehr ich über sein Leben und seinen Tod nachdenke, desto mehr wird mir zur Gewissheit: Nur eine auch in Demütigungen und Spott durchgehaltene Liebe kann die Welt wirklich verändern. Nur eine Hoffnung, die auch in aussichtslosen Situationen noch auf Gott setzt, hilft uns weiter. Nur ein Glaube, der über den Tod hinausreicht, kann meinem Leben Sinn und Gewicht geben. Nur einer, der sich schwach zeigen und Schwächen zugeben kann, ist wirklich stark. Und nur die Liebe, die in der Ohnmacht Liebe bleibt und nicht in Hass umschlägt, ist wirklich mächtig.

Ich habe lange gebraucht, um zu dieser Einsicht zu finden. Hoffentlich bleibt mir noch genügend Zeit, um auch nach dieser Einsicht zu leben.«

Ob ein römischer Soldat tatsächlich so gedacht und so etwas in sein Tagebuch geschrieben hat, wissen wir nicht. Möglich wäre es schon. Möglich wäre auch, dass wir selbst – angeregt durch diese Gedanken – neu danach fragen, was Leben und Sterben Jesu in unserem Leben für eine Bedeutung haben.

# Die besonderen Anliegen

## Thematische Sonntage im Jahreskreis

### Nicht nur für Lämmer und Elefanten ...
*(Bibelsonntag)*

Bei Gregor dem Großen, Papst und Kirchenlehrer im 6. Jahrhundert, habe ich den interessanten Satz gefunden: »Die Bibel ist wie ein Strom, der so flach ist, dass ein Lamm daraus trinken kann, und so tief, dass ein Elefant darin baden kann.« Ein Bild, das mich anspricht: Die Bibel als genießbares und erfrischendes Wasser – die einen können durch sie ihren Durst nach einem guten und sinnerfüllten Leben löschen, die anderen können durch sie ihren Lebensentwurf klären und von Unsauberkeiten befreien.

Lämmer zum Trinken und Elefanten zum Baden einladen, kleine und hohe Tiere an den Strom der Bibel locken – das ist die Aufgabe der Kirche und jeder einzelnen Gemeinde. In Gottesdiensten und Bibelrunden Trinkstellen und Badeorte anbieten, an denen man die belebende, wohltuende und reinigende Kraft der Heiligen Schrift so herzhaft spürt, dass die einen sagen: Ein Schluck von diesem Wasser hilft mir in den Durststrecken meines Lebens; und die anderen: nach einem Bad in diesem Strom fühle ich mich wie neu geboren.

Die ›Lamm-Frommen‹ hätten sicher zu schlucken am Satz des Paulus: »Der Buchstabe tötet, der Geist aber macht lebendig.« Aber vielleicht wird ihnen dadurch bewusst, dass Christsein nicht ängstliche Gebotserfüllung bedeutet, sondern Entdecken der eigenen Charismen und Ausschöpfen der Lebensmöglichkeiten, die Gott uns schenkt.

›Schwarze Schafe‹ können in den Geschichten und Gleichnissen Jesu die Zusage hören: Gott geht dem Verlorenen nach. Niemand wird auf seine Schuld und sein Versagen festgelegt. Allen gibt er die Chance zu einem Neuanfang.

Manchen, die die Sätze der Bergpredigt oder das Liebesgebot in sich aufnehmen, könnte plötzlich aufgehen: Ich bin ja ein ›Wolf im Schafspelz‹. In mir steckt noch so viel Aggressivität, so viel Wut und Neid. Ich möchte mich neu an der Botschaft Jesu ausrichten.

Einige, die als vermeintliche Elefanten in den Strom der Bibel steigen und in den klaren Worten des Magnificat ihr Spiegelbild betrachten, werden erschrecken über die Worte: »Er zerstreut, die im Herzen voll Hochmut sind«. Und sie müssen feststellen, dass sie nur ›aus Mücken gemachte Elefanten‹ sind, die sich zu wichtig nehmen und ihre Kleinheit und Endlichkeit verdrängen.

Diejenigen, die sich im Lauf ihres Lebens eine ›Elefantenhaut‹ zugelegt haben, die unzugänglich und apathisch geworden sind, könnten beim Bad im Alten Testament auf die Bitte Salomos stoßen: »Schenke deinem Knecht ein hörendes Herz!« Wenn sie sich diesen Wunsch zu eigen machen, werden ihnen die Fragen und Sorgen ihrer Mitmenschen wieder unter die Haut und zu Herzen gehen.

Alle, die in ihren Beziehungen viele Scherben hinterlassen wie der sprichwörtliche ›Elefant im Porzellanladen‹, lernen beim Eintauchen in die Lebensgeschichte

Jesu eine Menge. In der Art und Weise, wie er auf die Menschen zugeht, sie ansieht und aufrichtet, finden sie die Sensibilität, den Respekt, die Liebenswürdigkeit und Hilfsbereitschaft, die auch ihrem Leben eine neue Richtung geben kann.

An unseren Seen und Flüssen stehen oft die Schilder »Vorsicht – kein Trinkwasser!« oder »Baden verboten!« Am Strom der Bibel entdecken wir überall die Hinweise: »Baden erwünscht!« und »Garantiert reines Trinkwasser!« – nicht nur für Lämmer und Elefanten ...

## Ansprechend – und anspruchsvoll
*(Bibelsonntag)*

»Lieber Gott, dein Buch ist sehr spannend. Ich mag Abenteuergeschichten gern. Du hast tolle Einfälle. Ich möchte gern wissen, wo du die her hast. Dein Leser Karl.« Ein spannendes Buch, Abenteuergeschichten, tolle Einfälle – wer würde sich nicht darüber freuen? Aber auf der anderen Seite: Wer würde in diesem Zusammenhang sofort an das ›Buch des lieben Gottes‹, an die Bibel denken? Wer von uns Erwachsenen könnte noch so unbefangen, so begeistert an dieses Buch herangehen wie der kleine Karl?

Mit einem spannenden Krimi kann es die Bibel nicht aufnehmen. Wir wissen ja fast immer, wie die Geschichten ausgehen. Wir finden zwar abenteuerliche Dinge, aber das meiste ist uns dann doch wieder zu abenteuerlich, zu weit weg von unserer Wirklichkeit. Was nützen die tollen Einfälle Gottes von damals, wenn wir heute so wenig von seiner Phantasie spüren?

Der kleine Karl würde anders fragen: Was nützen die

tollen Einfälle Gottes von damals, wenn euch heute die Phantasie fehlt? Ihr Erwachsenen müsst von uns Kindern wieder lernen, in den Geschichten mitzuleben! Ihr müsst euch ins Gespräch mit biblischen Gestalten verwickeln lassen! Ihr müsst eure Fragen und Hoffnungen mit den ihren vergleichen! Das kann reizvoll werden.

Die eigene Lebensgeschichte anschauen und sich dann von einem Abraham sagen lassen: Auch ich bin Wege geführt worden, die ich nicht wollte – und habe gerade dabei einen Gott erfahren, der Freiheit schenkt und Heimat gibt.

Das eigene Leid überdenken und sich dann von einem Hiob trösten lassen: Auch ich habe an einem Gott gelitten, der Leid zulässt, der schweigt und nicht hilft – und war trotzdem nicht allein.

Das eigene Versagen eingestehen und sich dann von einem Petrus ermuntern lassen: Auch ich bin schuldig geworden – und konnte jedes Mal einen neuen Anfang machen.

So die Bibel zu lesen, ist allerdings auch riskant. Aus den ansprechenden Geschichten werden anspruchsvolle Geschichten. Sie fordern uns heraus, unsere eigene Geschichte mit Gott zu schreiben. Eine Geschichte, die andere an unserem Leben ablesen können, an unserer Offenheit oder Dankbarkeit, an unserer Hilfsbereitschaft oder Fröhlichkeit. Der Bibelsonntag, der jedes Jahr in den christlichen Kirchen gefeiert wird, will uns zu diesem Wagnis ermutigen, ebenso der kleine Kurt mit seinem ›Kinderbrief‹: »Lieber Gott, ich lese dein Buch immer wieder gern. Hast du sonst noch was geschrieben? Ich möchte eines Tages auch ein Buch mit solchen Geschichten schreiben. Kurt.«

## Bunte Farben, reiche Schätze, sprudelnde Quellen
*(Bibelsonntag)*

Die Theologen der ersten Jahrhunderte sind Meister der Metaphern und Vergleiche. Sie finden einprägsame Bilder für unseren Glauben, für die Kirche, für die Heilige Schrift. Ephraem der Syrer, ein Kirchenlehrer des 4. Jahrhunderts, beherrscht die Bildersprache besonders gut. In einem Kommentar zu den Evangelien skizziert er in drei interessanten Bildern, was die Bibel für ihn bedeutet, und wie er sich die Beschäftigung mit ihr vorstellt.

Das erste: »Das Wort Gottes hat viele Seiten, die es den Lernenden je nach ihrer Auffassungsgabe darbietet. Gott hat seinem Wort viele Farben gegeben. Wer es erforscht, soll an ihm etwas sehen können, was ihn anspricht.«

So, wie wir alle unsere Lieblingsfarben haben, so haben wir auch unsere Lieblingstexte in der Bibel. Es gibt Seiten, die wir besonders gerne aufschlagen. Es gibt Texte, die uns unter die Haut gehen. Es gibt Worte, bei denen wir spüren: das gilt mir!

Ein einziger Satz aus dem Matthäus-Evangelium hat genügt, um dem Leben des Franz von Assisi eine neue Richtung zu geben: »Geht und verkündet: Das Himmelreich ist nahe ... Nehmt keine Vorratstasche mit auf den Weg, kein zweites Hemd, keine Schuhe, keinen Wanderstab ...!«

Was ist mein ›Spreng-Satz‹, der mein manchmal so enges und kleinkariertes Denken aufsprengt? Was ist mein ›Stichwort‹ in der Heiligen Schrift; das mich sticht und anstachelt, trifft und motiviert?

Ein zweites Bild: »Gott hat in seinem Wort Schätze vielerlei Art niedergelegt ... Wer also einen Teil aus dem

Schatz bekommt, meine nicht, das Wort enthalte nur das, was er selbst gefunden hat.«

So, wie viele einzelne ihre Glaubenserfahrungen zusammengetragen haben, damit die Schatzkammer der Bibel entstehen konnte – so müssten auch wir einander unsere Entdeckungen in dieser Schatzkammer mitteilen, damit wir etwas ahnen vom Reichtum dieses Buches. Denn jede und jeder entdeckt eine andere Perle, kann allein nur einen kleinen Teil dieses Schatzes ausfindig machen.

Eine Gemeinde, in der man nicht miteinander die Heilige Schrift liest, in der man sich seine Entdeckungen nicht mitteilt und nicht weitererzählt, was einem an der Botschaft Jesu wichtig ist, – eine solche Gemeinde ist eine arme Gemeinde. Sie hat die Fülle des Schatzes noch nicht erkannt.

Durch wen lasse ich mich ›bereichern‹ in meinem Glaubensleben? Wem erzähle ich, welche Perle aus dem großen Schatz der Bibel ich entdeckt habe?

Das dritte Bild: »Der Dürstende freut sich beim Trinken und trauert nicht darüber, dass er die Quelle nicht austrinken kann ... Denn wenn dein Durst gestillt wird, ohne dass die Quelle ausgeschöpft ist, kannst du aufs neue trinken, falls du wieder Durst hast.«

So, wie niemand eine Quelle austrinken kann, so kann auch niemand die Fülle der Heilige Schrift ausschöpfen. Wer sein eigenes Glaubensleben vertiefen möchte, der findet eine unerschöpfliche Quelle in den vielen Glaubensgeschichten des Alten und Neuen Testaments. Wer nach Worten sucht für sein eigenes Beten, für sein Danken und Bitten, für sein Loben und Klagen, der entdeckt diese Quelle in den Psalmen. Wer nach Leitlinien für ein gelingendes Leben Ausschau hält, kann immer wieder aus der Quelle der Zehn Gebote oder der Bergpredigt trinken. Wer sich Ermutigung, Trost und neue Hoffnung schenken lassen will, wird seinen Lebensdurst bei den Propheten stillen.

Ist etwas zu spüren von meiner Freude, wenn ich aus der Quelle der Bibel trinke? Habe ich Sehnsucht nach ›mehr‹, möchte ich mich immer wieder erfrischen lassen durch das Lesen und Hören der Frohen Botschaft?

Martin Luther schreibt: »Ich habe nun 28 Jahr, seit ich Doktor geworden bin, stetig in der Bibel gelesen und daraus gepredigt, doch bin ich ihrer nicht mächtig und find noch alle Tage etwas Neues drinnen.« – Wir hoffentlich auch ...

### Partitur und klingende Musik
*(Weltgebetstag für Geistliche Berufe)*

»Das Evangelium ist wie eine Partitur. Menschen, die sich vom Evangelium anstecken lassen, sind wie klingende Musik.«

Treffender und farbiger als mit diesem Vergleich – frei nach Franz von Sales – kann man ›Berufung‹ wohl kaum beschreiben: So, wie eine Speisekarte noch nicht ausreicht, um unseren Hunger zu stillen, und eine Partitur ihren Zweck erst dann erfüllt, wenn wir auch hören können, was da in Notenschrift steht – so genügt es eben nicht, das Evangelium nur anzuschauen. Wir brauchen Menschen, die das leben, was sie lesen; denen wir ansehen, dass man in der Nachfolge Jesu erlöst und befreit leben kann; in denen die Hoffnung auf Gott Hand und Fuß bekommt. Wir brauchen Menschen, die die Notenzeilen des Evangeliums zum Klingen bringen, die sich die aufgezeichneten Melodien, Harmonien und Rhythmen zu eigen machen und in die Welt hineinspielen.

Berufung – die Melodie entdecken, die Gott gerade für mich ins Evangelium hineinkomponiert hat: »Nehmt Gottes Melodie in euch auf!« – legt Ignatius von Antiochien am Ende des 1. Jahrhunderts jedem Christen in Ephesus ans Herz. Lass dich treffen von den Erfahrungen, die Menschen vor dir mit Gott und mit Jesus Christus gemacht haben. Finde die Worte und Geschichten, die dir persönlich gelten und dein Leben verändern können. Spüre dein Thema auf, dein ›Motiv‹, das dich bewegt und in Schwingung versetzt.

Berufung – zur Harmonie beitragen, indem ich meine Stimme mit anderen zusammenklingen lasse: »Der Geist artikuliert sich polyphon, in vielen gleichberechtigten Stimmen« – sagt der evangelische Theologe Rudolf Bohren. Wenn jede Stimme ihre Eigenständigkeit bewahrt, und wenn alle Mitspielerinnen und Mitspieler aufeinander hören, dann entsteht aus der Fülle der einzelnen Melodien wie von selbst die Harmonie. Wenn jeder sein Thema anspielt, wenn jeder seine Begabung in den Dienst der anderen stellt, dann wächst Gemeinschaft. Dann entwickelt sich ein Klima, in dem man heil und gesund werden kann. Dann bilden sich Gemeinden, in denen jeder wertvoll ist und keiner gegen den anderen ausgespielt wird. Wenn die Kirchenväter diese Einheit der Gemeinde in der Vielfalt der Berufungen beschreiben wollten, sprachen sie von ›Symphonie‹, von Zusammenklang – lange bevor dieses Wort in der Musik eine Bedeutung bekam.

Berufung – den Rhythmus aufnehmen, den mir die biblischen Geschichten vorgeben: Unsere Kirche lebt von Menschen, die etwas vom Schwung, vom ›missionarischen drive‹, von der begeisternden Dynamik der Jünger Jesu haben. Von Menschen, die den Grundrhythmus unseres Glaubens – die Spannung zwischen Engagement und Gelassenheit, zwischen Fest und Alltag – in ihrem Leben durchhalten. Von Menschen, die sich durch Widerstände nicht davon abhalten lassen, in Bewegung zu bleiben und nach vorne zu schauen.

»Das Evangelium ist wie eine Partitur. Menschen, die sich vom Evangelium anstecken lassen, sind wie klingende Musik.«

Auf einem Bild in der römischen Domitilla-Katakombe ist Christus mit einer Leier in der Hand dargestellt – als neuer Orpheus. Was der Held aus der griechischen Sagenwelt wollte – mit seinem Gesang der Gewalt des Todes trotzen, das ist, so glauben wir, in Jesus Christus Wirklichkeit geworden: Er ist der Vorsänger des neuen Lebens. Er hat gegen Tod, Unterdrückung, Krankheit und Elend angesungen und seine Botschaft in die Welt hineingespielt.

Die Partitur seines Evangeliums haben wir in der Hand. Sie mit unseren Melodien, im harmonischen Zusammenspiel mit vielen anderen und mitgerissen von ihrem Rhythmus in unserer Zeit zum Klingen zu bringen – genau dazu ruft er uns.

## Pfadfinder, Schatzsucher und Brandstifter
*(Weltgebetstag für Geistliche Berufe)*

»Welche Priestertierchen finden wir in der Arche, die wir Kirche nennen?« – fragt Bernhard Häring, ein großer Theologe des letzten Jahrhunderts. Und dann beschreibt er humorvoll anhand von »mehr oder weniger lieblichen

Tierlein« verschiedene Typen von Seelsorgern, z.B. den Gockel auf dem Misthaufen – den farbigen Möchtegern-Prälaten, oder das scheue Tierchen – den ängstlichen Seelsorger, bei dem nichts vom Geist der Freiheit zu spüren ist. Außerdem entdeckt er ein lustiges Tier, den lebensfrohen Priester, der andere mit seinem erlösenden Lachen ansteckt, aber auch das wenig beliebte Stinktier – den pessimistischen Priester, der mit saurem Gesicht über die schlechte Welt klagt. Und schließlich den liebenswerten Singvogel, den Seelsorger, der in den verschiedensten Situationen das Lied des Evangeliums anstimmt.

Zu diesen amüsanten Beschreibungen fallen uns Namen und Gesichter ein – vielleicht aber auch Fragen: Welche Seelsorger brauchen wir heute in unseren Gemeinden? Welche Typen würden uns gut tun? Mir sind drei eingefallen:

Typ 1: Der Pfadfinder. Ein erfahrener Seelsorger gibt jungen Kollegen immer den einen Rat: »Sage den Menschen nicht, dass du Gott gefunden hast. Sage ihnen, dass du ihn suchst.« In einer Zeit, in der die Lebensgeschichten der Menschen so unterschiedlich verlaufen und ein Hineinwachsen in den Glauben und in die Kirche nicht mehr selbstverständlich ist – gerade da braucht es nicht den Experten, der schon alles weiß, sondern den Pfadfinder, der mit den Menschen einen Weg sucht; der mit ihnen zusammen nach Spuren Gottes in ihrem Leben forscht; der ihnen hilft, ihren persönlichen Weg mit dem Evangelium zu finden.

Typ 2: Der Schatzsucher. In einer Zeit, in der in unseren Gemeinden viele nicht mehr von selbst ihre Dienste und ihre Hilfe anbieten, ist es eine der wichtigsten Aufgaben des Seelsorgers, auf Schatzsuche zu gehen und die verschiedenen Talente und Begabungen zu entdecken, von denen die Kirche lebt. Am besten ist es, wenn er zuerst den Schatz ausgräbt, der in ihm selbst verborgen ist; wenn er sein besonderes Charisma erkennt, mit dem er am Bau der Kirche mithelfen kann; und wenn er dann all das zu Tage fördert und wertschätzt, was andere zum Wachsen einer lebendigen Gemeinde beitragen können.

Typ 3: Der Brandstifter. Den Satz aus dem Johannesevangelium »und das Wort ist Fleisch geworden und hat unter uns gewohnt« hat vor kurzem ein Spaßvogel so umgeschrieben: »Und das Wort ist Paragraph geworden und hat unter uns gewütet.« Gerade in einer Zeit, in der oft kleinliche Vorschriften die Dynamik des Evangeliums bremsen, braucht es Priester, die sich im guten Sinn als Brandstifter verstehen: als Menschen, die motivieren und für die Sache Jesu begeistern können; die mithelfen, dass das wahr wird, worum wir immer wieder den Heiligen Geist bitten: »Entflamme Sinne und Gemüt, dass Liebe unser Herz durchglüht.« Wir brauchen Seelsorger, die nicht nur alte Formeln wiederholen, sondern im wahrsten Sinn des Wortes mit Brand-Sätzen hantieren; die eine zündende Sprache finden, um andere mit der Frohen Botschaft anzustecken; die einen Funken ihres eigenen Glaubens auf andere überspringen lassen können.

Pfadfinder, Schatzsucher und Brandstifter – drei ungewöhnliche Priesterbilder, aber drei echte Alternativen zu Priestertierchen wie Gockel, Angsthase oder Stinktier in der Arche unserer Kirche...

## Museumswärter oder Gärtner?
*(Erntedank)*

»Du siehst Dinge, die es gibt, und fragst: Warum? Aber ich träume von Dingen, die es nie gegeben hat, und sage: Warum nicht?«
Nach G. B. Shaw gibt es verschiedene Möglichkeiten, das Leben zu betrachten und zu gestalten: Man kann von der Gegenwart ausgehen, in die Vergangenheit zurückfragen und herausfinden, warum alles so gekommen ist. Man kann aber auch eine gute Zukunft ausmalen und sich dann von der Gegenwart aus an diesen Wunschtraum herantasten.

Die zweite Möglichkeit sollte die Lebensperspektive von uns Christen sein. Und im Erntedankmonat Oktober liegt es nahe, sich die Zukunft einmal im Bild des Gartens vorzustellen. Papst Johannes XXIII. hatte sicher die Paradieserzählung im Hinterkopf, als er das Ziel des menschlichen Lebens so formulierte: »Wir sind nicht auf der Erde, um ein Museum zu hüten, sondern um einen Garten zu pflegen, der von blühendem Leben strotzt und für eine schönere Zukunft bestimmt ist.« Dieser Traum vom Garten und vom Gärtner könnte uns mobilisieren und Schritt für Schritt in eine schönere Zukunft hineinführen – vorausgesetzt, wir spielen ihn immer wieder für die verschiedenen ›Felder‹ unseres Lebens durch.

Ich denke an das Lebensfeld der Natur, und ich male mir aus, wie hier harmonisches Leben gelingen kann. Ich träume von Menschen, die sich selbst als Geschöpf, als Teil der Schöpfung verstehen; die wissen, dass sie der Natur nicht nur gegenüberstehen und sie beherrschen können, sondern selbst – in ihrem Werden und Vergehen – zu dieser Natur gehören. Und ich träume von Menschen, die zur rechten Zeit im Garten der Schöpfung tätig werden, die zur Saat und zur Ernte eingreifen, die ihren Einsatz als Dienst und Hilfe ansehen, damit die Natur zu sich selbst kommen kann. Ich möchte vom Garten der Schöpfung träumen und sagen: Warum nicht?

Dann denke ich auch an das Lebensfeld der Kirche und aller kirchlichen Einrichtungen, und ich wünsche sie mir als Orte blühenden Lebens; als Gärten, in denen auch die Blumen einen Platz haben, die nicht duften, und in denen gerade die Pflanzen gehegt und gepflegt werden, die im Schatten stehen, die krank sind und sich nicht entfalten können. Ich stelle mir Christen vor, denen man ihren Glauben an Erlösung und Befreiung von den Gesichtern ablesen kann. Und ich stelle mir Verantwortliche in dieser Kirche vor, die nicht wie stocksteife Museumswärter alte Formen und Formeln bewachen und ständig sagen: »Bitte nicht berühren! Ruhe bitte!« – sondern die Gärtner sind, die sich am Wachstum, an der Vielfalt, an neuen Pflanzen freuen können, und die nicht gleich alles bisher Unbekannte als Unkraut ausreißen. Ich möchte vom Garten der Kirche träumen und sagen: Warum nicht?

Und schließlich denke ich an das Feld meines eigenen Lebens. Wenn ich es mir im Bild des Gartens vorstelle, dann werde ich dankbar für das, was andere für mich gesät haben; für das, was – trotz Krankheit und Leid – mit der Zeit gewachsen und gereift ist; für die Zeiten, in denen mein Leben farbenfroh war und ich aufgeblüht bin. Ich hoffe, dass ich nicht ein Museum alter Gewohnheiten behüte und nur auf die Vergangenheit starre, sondern dass ich immer wieder die Felder bei mir entdecke, die noch brachliegen und bearbeitet werden müssen. Ich möchte vom Garten meines eigenen Lebens träumen und sagen: Warum nicht?

Träumen Sie mit – damit die Museumswärter nicht das Feld beherrschen; damit in unserer Welt, in unserer Kirche und in Ihrem eigenen Leben etwas durchschimmert von der schöneren Zukunft, die uns versprochen ist; damit wir nicht aus Gottes Garten in Teufels Küche geraten ...

## Mit gemischten Gefühlen
*(Erntedank)*

Ein Pfarrer besuchte die Felder eines seiner Gemeindemitglieder. Das Land war in ausgezeichnetem Zustand und eine gute Ernte mit Sicherheit zu erwarten. Mehrmals benutzte der Pfarrer die Gelegenheit, den Besitzer zu dieser Situation zu beglückwünschen, und so sagte er öfters: »Du und der Herr haben hier sicher eine prima Arbeit geleistet.« Als der Pfarrer ging, konnte der Bauer, der schon immer ein wenig gelächelt hatte, sich nicht länger zurückhalten: »Ja, Herr Pfarrer, was sie sagen, ist schon wahr. Aber ich wollte, sie hätten diese Felder vor fünf Jahren gesehen, als der Herr sie ganz alleine bearbeitete!«

Ein humorvoller Zugang zum Erntedankfest, das in unserer Zeit mit gemischten Gefühlen gefeiert wird: Für die einen sind die Bilder von Hunger und Elend, von Missernten und Dürrekatastrophen so lebendig, dass sie sich schwer tun mit frommen Sprüchen und Schöpfungsromantik, mit überschwänglichem Jubel über die Güte Gottes. Sie dürfen in dieser Geschichte den Protest heraushören gegen die Menschen, die die Hände in den Schoß legen und ›nur‹ den lieben Gott walten lassen, die sich um die Verantwortung und den Einsatz für eine bessere Welt drücken. Die anderen haben zu deutlich vor Augen, wie menschliches Leistungsdenken und überzogener Machbarkeitswahn die Schöpfung in die Er-schöpfung getrieben haben, als dass sie das Heil allein vom Menschen erwarten könnten. Sie entdecken in unserer Geschichte das feine Gespür dafür, dass eben auch wahr bleibt: Der Mensch kann sein Leben nicht produzieren, nicht machen. Er verdankt es einem anderen – und das befreit ihn von einem unmenschlichen Leistungsdruck.

Erntedank feiern – sich freuen an den Gaben der Natur und den Wunsch reifen lassen, aus Gottes Schöpfung das Beste zu machen.

Erntedank feiern – mit Liebe und Phantasie den Erntealtar schmücken und darum bitten, dass beides auch im alltäglichen Umgang mit der Schöpfung zum Tragen kommt.

Erntedank feiern – nach dem Gottesdienst die Früchte an die Armen und Kranken der Gemeinde verteilen und damit versprechen, die Verantwortung für eine gerechte Verteilung der Güter auf der Welt wahrzunehmen.

Erntedank feiern – mit der augenzwinkernden, engagierten Gelassenheit des Bauern aus unserer Geschichte ...

# Die frohen und schweren Zeiten

## Anlässe im weltlichen Jahreskreis

### Zwischenruf eines alten Narren
*(Fastnacht)*

Das Fach Geschichte kann langweilig sein – Jahreszahlen auswendig lernen; Ereignisse aus vergangenen Zeiten aufzählen, die für unser heutiges Leben wenig Bedeutung haben. Geschichte kann aber auch spannend sein wie ein Krimi: wenn ich z. B. entdecke, welche Wurzeln ein Fest hat, das wir heute noch feiern; wenn sich auf einmal zeigt, dass zwischen einzelnen Fakten ein Zusammenhang besteht und aus vielen Puzzleteilen ein stimmiges Bild wird.

So spannend war für mich ein Blick in die Geschichte der Fastnacht, und meine Entdeckungen möchte ich einem alten Narren in den Mund legen, der seine Kolleginnen und Kollegen an ihre interessante Vergangenheit erinnern will:

»Liebe Närrinnen und Narren« – würde er sagen – »ich weiß, es ist jetzt nicht die Zeit für ernste Gedanken. Trotzdem kann ich mir einen Zwischenruf mitten hinein in unser närrisches Treiben, in unsere Prunksitzungen und Umzüge nicht verkneifen. Denn ich bin mir ziemlich ›narren-sicher‹, dass viele von uns gar nicht mehr wissen, warum es uns überhaupt gibt, und welche wichtige Aufgabe wir haben. Ich halte euch wirklich nicht zum Narren, wenn ich behaupte: Wir sind die Prediger dieser Tage, wir können und sollen die Leute an das wichtigste Gebot des Evangeliums erinnern. Und wir brauchen dazu nicht einmal Worte – unser Narrenkleid und unsere Ausrüstung sagen schon alles.

Denk an Gott! – Dazu fordert der Narrenstab auf, der seit Jahrhunderten zu unseren wichtigsten Erkennungszeichen zählt: eine Keule, an deren dickerem Ende ein Narrengesicht eingeschnitzt ist. In alten Bibelhandschriften illustrieren Narren, die unentwegt auf ihren Stab mit dem eigenen Spiegelbild starren, den 53. Psalm. Er beginnt mit den Worten: ›Die Narren sagen in ihrem Herzen: Es gibt keinen Gott.‹

Es ist närrisch, Gott zu vergessen, da wir letztlich ihm unser Leben verdanken und seine Geschöpfe sind. Es ist töricht, nur sich selbst zu bespiegeln und auf sich fixiert zu sein.

Marotte nennt man den Stab mit dem Narrengesicht, und er soll uns warnen vor der Marotte, vor der spinnigen Idee, sich selbst wie Gott zu gebärden. ›Narrenzepter‹ sagen manche zu dieser Keule mit dem eigenen Spiegelbild – und es soll zeigen, wie lächerlich es ist, sich selbst an die Stelle des wahren Königs und Herrn zu setzen.

Denk an deinen Nächsten! – Dazu ermahnen unüberhörbar die Schellen, die wir mit uns herumtragen. Buchstäblich auf Schritt und Tritt erinnern sie an die Worte des Paulus, die bis vor kurzem an jedem Fastnachtssonntag im Gottesdienst vorgelesen wurden: Ein Mensch ohne Liebe ist wie tönendes Erz oder klingende Schelle.

Es ist närrisch, ohne Achtung vor den Mitmenschen, lieblos und egoistisch durchs Leben zu gehen. Es ist dumm, sich der eigenen Klugheit und Begabung zu rühmen und dabei auf den Nächsten herunterzuschauen. Jeder Schellenträger, der in diesen Tagen durch die Straßen springt, will, dass auch dem letzten die Ohren klingeln und er einsieht: ein Leben ohne Nächstenliebe ist hohl und oberflächlich.

Denk an dich selbst! – Dazu drängt unsere Narrenkappe mit den Eselsohren. Sie stellt uns das Tier vor Augen, das schon in den ersten christlichen Jahrhunderten zum Sinnbild für geistige Trägheit geworden ist, und das auch die störrische Widerspenstigkeit des Menschen symbolisieren soll.

Es ist närrisch, sich keine Gedanken über sein Leben zu machen und zu allem ›I-a‹ zu sagen. Nur ein Esel vertrödelt seine Zeit und gibt seinem Leben kein eigenes Profil. Es ist unsinnig, sich störrisch gegen jede Entwicklung zu wehren und die eigenen Talente brachliegen zu lassen. Nur ein Esel lässt seine Anlagen verkümmern und denkt nicht darüber nach, welchen Weg Gott mit ihm gehen möchte.

Wenn wir in diesen Tagen unsere Narrenkappe aufsetzen, dann zeigen wir allen, die uns begegnen: Du bist ein verkappter Esel, wenn du dir durch Trägheit und Widerspenstigkeit deine eigene Zukunft verbaust.

Liebe Närrinnen und Narren« – so würde unser alter Narr seine Rede beenden – »Augustinus hat einmal gesagt: ›Liebe – und dann tu, was du willst!‹ – Genau das ist die Predigt unserer Narrenstäbe, unserer Schellen und unserer Kappen. Liebe Gott und deinen Nächsten wie dich selbst – dann hast du Narrenfreiheit, nicht nur in diesen Tagen ...«

# Himmlische Freude auf menschlichen Gesichtern
*(Fastnacht)*

Schon der Psalmist hat sich gedacht:
»Der in den Himmeln thront, er lacht.«
Und wer im Neuen Testament
die Texte etwas näher kennt,
der weiß: Wenn aus dem alten Trott
ein Sünder ausschert, freut sich Gott
und die, die seinen Thron umstehn
(vergleiche Lukas 15,10).
Wenn's nun schon in den höchsten Kreisen
so fröhlich zugeht, muss das heißen:
Die Menschen dürfen hier auf Erden
auch nie zu Trauerklößen werden.
Gott selbst befiehlt dem Führer Moses:
»Sag Pharao: Ich will ein großes
und frohes Fest des Volkes sehen!
Lass sie doch in die Wüste gehen!
Dort sollen sie mir kräftig feiern,
mit Tanz und Spiel, mit Pauken, Leiern
(in Exodus zu lesen wär's –
Kapitel 5, der 1. Vers).
Sogar der Skeptiker vom Dienst,
Kohelet, der für Luftgespinst
und Windhauch alle Dinge hält,
gibt zu, es muss in dieser Welt
auch eine Zeit zum Lachen geben,
zum Tanzen und zur Lust am Leben.
Denn ohne das verzweifeln wir
(Kohelet 3, Vers 12 und 4).
Und – last not least – die ersten Christen,
Jakobus, die Evangelisten,

und Petrus, Paulus – alle schreiben:
Wer Jesus kennt, kann fröhlich bleiben –
sogar in Not und in Bedrängnis,
in Angst und Leid und im Gefängnis;
vorausgesetzt, er spürt dahinter
die Gnade Gottes (2 Korinther).
Es steht noch vieles in der Schrift,
was diese Fröhlichkeit betrifft.
Nur hilft es nichts, wenn wir's bloß lesen.
Wir müssen doch durch unser Wesen
und durch die Art, in der wir leben,
von dieser Freude Zeugnis geben.
Die Frohe Botschaft bleibt ein Witz;
sie hat im Leben keinen Sitz,
wenn wir sie in Gebote pressen
und andere an ihnen messen;
wenn unser Blick, wie Nietzsche klagt,
so unerlöst ist und verzagt;
wenn wir – von Freude keine Spur –
verbissen sind und steif und stur;
wenn wir, anstatt charmant zu lächeln,
die Fehler anderer verhächeln;
wenn wir verkrampft die Stirne runzeln,
anstatt gelegentlich zu schmunzeln.
Dann fragt sich mancher doch: »Wieso?
Ist ihre Botschaft denn nicht froh?«
Drum muss ein Christ beim Fastnachtstreiben
auch keineswegs zu Hause bleiben.
Er soll sich schminken, tanzen, lachen
und essen, trinken, Späße machen.
Nur soll er's tun zu Gottes Ehre –
sagt Paulus bei der Christenlehre

in 1 Korinther, so viel weiß ich
(Kapitel 10, Vers 31).

## Humoris Causa
*(Fastnacht)*

Aus gut unterrichteten Kreisen im Vatikan ist zu hören, Päpstin Laetitia I. arbeite derzeit mit ihren engsten Vertrauten fieberhaft an einer neuen Verlautbarung zum anstehenden Heiligen Jahr 2500. Durch gezielte Indiskretionen sind auch schon Einzelheiten an die Öffentlichkeit gedrungen. Der Titel des Dokuments soll bereits feststehen: »Instruktion ›Humoris Causa‹ über einige Dinge bezüglich der christlichen Freude, die einzuhalten und zu vermeiden sind«. Hier einige Abschnitte, deren Wortlaut wir in Erfahrung bringen konnten:

»Mit brennender Sorge beobachten wir, wie in unserer Mutter Kirche eine gewisse Humorlosigkeit um sich greift. Schon unser Vorgänger, Papst Serenus III., hat in seiner wegweisenden Enzyklika ›Risus Paschalis‹ (Österliches Lachen) auf diese Gefahr hingewiesen ...

Zur beständigen Lehre der Kirche gehört, dass wir der Welt eine Frohe Botschaft zu verkünden haben. Leider wurde diese Lehre immer wieder vergessen. Den Satz des Theologen Johannes Chrysostomus (4. Jh.) ›Christus hat nie gelacht‹ interpretieren manche so, dass auch die Christen nichts zu lachen hätten, und dass an einer ernsten Miene wahres Christsein abzulesen wäre. Demgegenüber erinnern wir an den großen Thomas von Aquin, nach dem ›unerschütterliche Fröhlichkeit‹ und ›zwanglose Heiterkeit‹ die Merkmale der Gläubigen sein sollen. Außerdem rufen wir den evangelischen Theologen Karl

Barth ins Gedächtnis, der sagt: ›Wer die Osterbotschaft gehört hat, kann nicht mehr mit tragischem Gesicht umherlaufen und die humorlose Existenz eines Menschen führen, der keine Hoffnung hat …‹

Deshalb erklären wir das kommende Jahr zum ›Jahr des christlichen Humors‹: In allen Kirchen soll in der Osternacht das Osterlachen erklingen. Die Ritenkongregation wird angewiesen, dafür entsprechende Formen zu entwickeln und den Predigern eine Sammlung lustiger Geschichten an die Hand zu geben …

Bei manchen Mitbrüdern und –schwestern im bischöflichen Amt sind moralinsaure, farblose und langweilige Hirtenbriefe leider zur Gewohnheit geworden. Dies trägt zur Verdunkelung des Glaubens bei. Die Christgläubigen haben ein Recht auf die volle, unverkürzte und wahre Freude …

Die Theologen bitten wir, uns immer tiefer in die Frohe Botschaft hineinzuführen. Warnen müssen wir allerdings davor, auf der Suche nach bisher unbekannten humorvollen Worten Jesu den Boden der wissenschaftlichen Forschung zu verlassen. Es ist nicht erlaubt, weiter zu behaupten, Jesus habe zu seinen Jüngern gesagt: ›Ich bin der Weinstock, und ihr seid die Flaschen!‹ …

Aufhören muss die verwerfliche Praxis, dass Gottesdienstleiterinnen und –leiter mürrisch und verdrossen der Liturgie vorstehen und freudlos das Evangelium verkünden. Wo der Bitte der Gläubigen um frohe und lebendige Gottesdienste nicht entsprochen wird, haben sie das Recht, Klage beim Apostolischen Stuhl einzureichen …

Unser größter Wunsch ist, dass durch die sorgfältige Anwendung dieser Vorschriften die Humorlosigkeit aus unserer Kirche verschwindet und aufgrund der Fürsprache der Heiligen Teresa von Avila, Philipp Neri und

Johannes Bosco Unbekümmertheit und Fröhlichkeit wieder Einzug halten und das österliche Lachen hell und frisch erklingen kann.«

## Was erlauben Sie sich eigentlich?
*(Urlaub)*

Manchmal lohnt es sich, ein wenig nachzuforschen, wie einzelne Wörter unserer Sprache entstanden sind und welche Bedeutung sie ursprünglich hatten. Beim Wort ›Urlaub‹ lässt sich die Herkunft fast erahnen: Es kommt von ›erlauben‹ und bedeutet zunächst genau dasselbe wie unser heutiges Wort ›Erlaubnis‹. Später verstand man darunter die Erlaubnis, sich zu entfernen, die zeitweilige Freistellung von Dienst und Arbeit.

Wer Urlaub macht, hat also die Erlaubnis, wegzugehen und auszusteigen aus den manchmal mühseligen und belastenden Alltagsgeschäften. Die Frage ist: Was erlauben Sie sich selbst in den Tagen, in denen Sie freigestellt sind von beruflichen Pflichten?

Erlauben Sie sich doch in dieser Ferienzeit, Ihre Tage zu genießen! Genießen heißt gerade nicht, wahllos alles zu konsumieren, was sich einem anbietet. Es bedeutet, auszuwählen und sich auf das zu konzentrieren, was Freude bringt und gut tut: Ein Konzert besuchen, sich einen Spaziergang gönnen, ein interessantes Buch lesen, eine Einladung annehmen, einen spontanen Besuch machen ... »Wer nichts genießt, wird bald ungenießbar«, meint Edmund J. Lutz, ein Verleger unserer Tage.

Erlauben Sie sich doch in den Ferien, einmal langsam zu sein! Langsam sein kann heißen: Leben, ohne ständig auf die Uhr zu schielen; innehalten, bewusst die Umwelt wahrnehmen und wieder das Staunen lernen; nicht achtlos an Menschen und Natur vorbeihetzen, sondern stehenbleiben zum Gespräch, Eindrücke sammeln und über gemachte Erfahrungen nachdenken ... »Schildkröten können mehr über den Weg erzählen als Hasen« - weiß ein altes Sprichwort.

Erlauben Sie sich doch in diesen Tagen auch einen Blick auf den, der noch etwas mehr verspricht als Entspannung und stressfreie Zeit! Auf den, der uns innere Ruhe anbietet und der uns aufatmen lässt. »Kommt alle zu mir, die ihr euch plagt und schwere Lasten zu tragen habt. Ich werde euch Ruhe verschaffen.« - Mit diesem Angebot lädt Jesus alle gehetzten und belasteten Menschen ein, in seiner Nähe frei zu werden und zu sich selbst zu finden. Ein Billig-Anbieter ist er jedoch nicht; sein Preis: »Nehmt mein Joch auf euch und lernt von mir« - oder mit anderen Worten: Macht euch mit meiner Art zu leben vertraut! Versucht euch hineinzudenken in meine Worte, in meine Ideen und Vorschläge für ein gutes Zusammenleben, in meine Vorstellungen von gegenseitiger Hilfe und Toleranz!

Sie können sich also einiges erlauben in Ihrem Urlaub. Sagen sie einfach: Ich bin so frei!

## Langsamer gehen
*(Urlaub)*

Vor über 200 Jahren schrieb der Göttinger Physikprofessor und Schriftsteller Georg Christoph Lichtenberg in sein ›Sudelbuch‹: »Es gibt zwei Wege, das Leben zu verlängern, erstens, dass man die beiden Punkte geboren und gestorben weiter voneinander bringt und also den

Weg länger macht ...; in diesem Fache haben einige unter den Ärzten sehr viel geleistet. Die andere Art ist, dass man langsamer geht und die beiden Punkte stehen lässt, wo Gott will.«

In diesen scheinbar so nüchternen Sätzen versteckt der Satiriker Lichtenberg die ironische Frage: Was nützt es denn, wenn wir unser Leben um Tage, Wochen oder Jahre verlängern, dann aber hastig und oberflächlich durch dieses Leben rennen und uns gar keine Zeit lassen, wirklich zu leben? Was bringt denn die Quantität, wenn die Qualität nicht stimmt?

Eine Frage, die heute aktueller ist denn je: Durch Entwicklungen auf dem Gebiet der Medizin ist unsere durchschnittliche Lebenserwartung erheblich gestiegen. Noch nie in der Geschichte hatten die Menschen so viel Lebenszeit zur Verfügung wie heute. Und noch nie gab es so viel ›freie Zeit‹. Aber hat diese Verlängerung auch ein ›mehr‹ an Leben zur Folge? Es sieht nicht so aus. Die Klage, keine Zeit zu haben, wird immer lauter. Momo, die Romanfigur von Michael Ende, hat das paradoxe Phänomen klar erkannt: Je mehr Zeit wir sparen, desto weniger haben wir.

In seiner Beschreibung der beiden Wege, das Leben zu verlängern, versteckt der Moralist Lichtenberg zweifellos auch den Appell: Geh langsamer! Lebe wach und bewusst in der Zeit, die dir zur Verfügung steht! Ein Appell, der auch heute unter die Haut geht:

Geh langsamer – dann behältst du die Orientierung. Dann kannst du dich vergewissern, ob du noch auf dem richtigen Weg bist. »Der Langsamste, der sein Ziel nicht aus den Augen verliert, geht immer noch geschwinder, als der ohne Ziel herumirrt« – meint Gotthold Ephraim Lessing, ein Zeitgenosse Lichtenbergs.

Geh langsamer – dann hast du Zeit, deine Umgebung wahrzunehmen und Eindrücke zu verarbeiten. Dann kannst du auskosten und genießen. Und dann kannst du den Dingen auf den Grund gehen und zu den entscheidenden Fragen vordringen: Wer bin ich wirklich? Wem verdanke ich mein Leben? Was hat Gott mit mir vor?

Geh langsamer – dann wirst du wie der Prophet Elija erfahren, dass Gott nicht im Großen und Lauten, im Außergewöhnlichen und Spektakulären zu finden ist, sondern dass er oft unscheinbar, überraschend und unerwartet in dein Leben tritt *(1 Kön 19,9–13)*. Dann findest du Zeit, ganz bei dir zu sein, in dich hineinzuhorchen und in dir die unaufdringliche Stimme Gottes zu hören. Dann wirst du auch im Gespräch mit anderen die leisen Zwischentöne vernehmen, in denen sich Bitten, Hoffnungen und Anfragen an dich verstecken. Und du wirst die kleinen Worte und Gesten wahrnehmen, mit denen andere dich aufmuntern, trösten und dir ihre Sympathie zeigen.

Geh langsamer – und lass wie Jesus die anderen vorausgehen, vorausfahren, vorauseilen, damit du Zeit findest, mit dir allein zu sein und in der Einsamkeit zu beten. Dann wirst du wie die Jünger erkennen, wer dir in stürmischen Zeiten zu Hilfe kommt; wer bei dir bleibt, wenn dir das Wasser bis zum Hals steht; wem du wirklich vertrauen kannst, wenn dir der Wind ins Gesicht bläst; an wem du einen Halt hast, wenn du in deiner Terminflut und in der Hektik deiner Tage den Boden unter den Füßen verlierst. Dann siehst du, dass Jesus dir seine rettende Hand entgegenstreckt. Dann spürst du, dass Gott der tragende Grund deines Lebens ist *(Mt 14,22–33)*.

Es gibt zwei Wege, das Leben zu verlängern – sagt

Lichtenberg. Wenn wir dieses Thema nicht den Ärzten allein überlassen möchten, wenn wir für uns den zweiten Weg wählen und langsamer gehen wollen, dann sind die Ferien eine günstige Zeit für die ersten Schritte.

### Da beißt keine Maus einen Faden ab
*(Urlaub)*

Was können erfolgshungrige Menschen von Mäusen lernen? Spencer Johnson beantwortet diese Frage in seinem Bestseller »Die Mäusestrategie für Manager« mit einer knappen Formel: »Wenn dir der Käse weggenommen wird – Tu was!«

Amüsant und spritzig erzählt er von den cleveren Mäusen ›Schnüffel‹ und ›Wusel‹, die in einem Labyrinth unterwegs sind und nach Käse suchen, der sie satt und glücklich macht. Haben sie ein Käselager leer geknabbert, rennen sie sofort los und finden über manche Um- und Irrwege ein neues. ›Knobel‹, ein Zwergenmensch, der ebenfalls im Labyrinth lebt, eignet sich die Mäusestrategie an und schreibt alles, was er lernt, in kleinen Merksätzen an die Wände – z. B.: »Je schneller du den alten Käse sausen lässt, desto eher kannst du neuen Käse genießen.«

In einem noch bekannteren Bestseller – im Neuen Testament – lesen wir, was arme Kirchenmäuse von dem lernen können, der ihnen wahres Menschsein vorgelebt hat. Eine seiner Strategien klingt wie ein Kontrastprogramm zu Johnsons Managerregeln und lässt sich so zusammenfassen: »Wenn du in die Falle des Wühlens und Rennens geraten bist – Ruh aus!«

»Lernt von mir«, sagt Jesus, und lädt alle Gehetzten

und Bedrückten in seinen Unterricht ein: »Kommt alle zu mir, die ihr euch plagt und schwere Lasten zu tragen habt. Ich werde euch Ruhe verschaffen.«

Wer sich das Programm Jesu zu eigen machen will, könnte nach und nach folgende Merksätze an die Wände seines Lebenslabyrinths schreiben:

Unterbrich bewusst deine Unrast und deine Geschäftigkeit, und gestatte dir Ruhepausen – spring ab und zu heraus aus dem Laufrad deiner täglichen Pflichten.

Renne nicht hinter jedem Käse her – entscheide dich, für welches Ziel du Kraft und Zeit einsetzen willst, und wähle das Schöne aus, das du genießen möchtest.

Lerne den aufrechten Gang – lass dir von Jesus zeigen, wie du als befreiter und erlöster Mensch leben kannst, und wie du verhinderst, im Irrgarten vieler Vorschriften und Verbote zum Duckmäuser zu werden.

Achte darauf, dass Gelassenheit und Humor bei dir nicht zu kurz kommen – bewahre dir die Freude am Leben, die Güte und das Lächeln, auch wenn du manchmal vor Angst in ein Mausloch kriechen möchtest.

Unterschätze den Gottesdienst als Zeit des Aufatmens und der Stille nicht – entdecke von Zeit zu Zeit, wie klein und unwichtig manche Dinge werden, wenn du sie aus der Distanz und im Licht der Botschaft Jesu betrachtest.

Bete in regelmäßigen Abständen – gönne dir das Gespräch mit Gott als Kraftquelle, um das Leben zu bewältigen, und lass dir dabei die Zuversicht schenken, dass alles gut wird.

Gibt es eine bessere Zeit als den Urlaub, um dieses Programm zu lernen und einzuüben?

Wie lebens- und überlebensnotwendig es sein kann, eine solche Strategie parat zu haben, zeigt uns ... Frederick, die kleine Feldmaus aus dem schönen Bilderbuch von Leo Lionni. Während alle Feldmäuse Tag und Nacht arbeiten, um Vorräte für den Winter anzulegen, genießt Frederick die Sommermonate, sammelt Sonnenstrahlen, Farben und Wörter für die kalte, dunkle und eintönige Jahreszeit. Und da auch Mäuse nicht vom Käse allein leben, kommen die Tage, an denen Frederick durch seine Sommergeschichten Wärme und Farbe in das Winterquartier der Feldmäuse bringt.

Ruh aus – sonst wird dein Leben oberflächlich, kraftlos und eintönig! Da beißt keine Maus einen Faden ab ...

### Langsamer – Tiefer – Näher
*(Sport)*

Sportmuffel haben in jedem zweiten Jahr schwierige Wochen zu überstehen: Die Olympischen Sommer- und Winterspiele ziehen viele in ihren Bann und beherrschen die Medien. Unter den Maximen ›Schneller – Höher – Weiter‹ kämpfen Sportlerinnen und Sportler aus aller Welt um die Medaillen in den verschiedensten Disziplinen.

Der Apostel Paulus hätte seine Freude daran, denn er war sicher ein großer Sportfan. Mehrmals in seinen Briefen spricht er von sportlichen Wettkämpfen und vergleicht sie mit einer christlichen Lebenspraxis: »Wisst ihr nicht«, schreibt er den Korinthern, »dass die Läufer im Stadion zwar alle laufen, dass aber nur einer den Siegespreis gewinnt? Lauft so, dass ihr ihn gewinnt!« *(1 Kor 9,24).* Dass es auch für die Olympiade des Glaubens feste Spielregeln gibt, macht er Timotheus klar: »Wer an einem Wettkampf teilnimmt, erhält den Siegeskranz nur, wenn er nach den Regeln kämpft« *(2 Tim 2,5)*. Und den Hebräern empfiehlt er Geduld und Kondition für eine Lebensgestaltung im Sinn Jesu: »Lasst uns mit Ausdauer in dem Wettkampf laufen, der uns aufgetragen ist« *(Hebr 12,1)*.

In seinem Römerbrief entwickelt Paulus – so könnte man in der Sprache des Sports weiterreden – ein Trainingsprogramm für den ›Lebens-Lauf‹ eines Christen. Dabei stellt er allerdings die olympischen Maximen auf den Kopf. Anstatt ›Schneller – Höher – Weiter‹ lauten seine Trainingsziele: ›Langsamer – Tiefer – Näher‹.

Langsamer: Paulus weiß, dass für den Glauben nichts so gefährlich ist wie Hetze und Hektik. Deshalb schreibt er: »Betet für mich zu Gott, ... dass ich ... voll Freude zu Euch kommen kann, um mit Euch eine Zeit der Ruhe zu verbringen« *(Röm 15,31f.)*. Langsamkeit einüben: Phasen der Ruhe und der Erholung in den eigenen Lebens-Lauf einbauen; lernen zu leben, ohne ständig auf die Uhr zu schielen; innehalten, bewusst die Umwelt wahrnehmen, staunen; nicht achtlos an Menschen und Natur vorbeihasten, sondern Eindrücke sammeln und über gemachte Erfahrungen nachdenken. »Schildkröten können mehr über den Weg erzählen als Hasen« – sagt ein altes Sprichwort. Wer ruhig und überlegt seine Schritte setzt, lebt und erlebt intensiver und wird sich immer wieder auf den besinnen, dem er sein Leben verdankt.

Die Entdeckung der Langsamkeit – ein erstes Anliegen unseres Trainers Paulus.

Tiefer: Paulus weiß, dass für den Glauben nichts so gefährlich ist wie Hochmut und Überheblichkeit. Deshalb bittet er: »Strebt nicht hoch hinaus, sondern bleibt demütig!« *(Röm 12,16)*. Mit anderen Worten: Bleibt auf dem Boden, auf gleicher Höhe mit denen, die euch brauchen, die auf eure Hilfe angewiesen sind, die man niederdrückt und kleinmacht. Lernen, nicht abzuheben, nicht überheblich zu werden – das kann heißen: Mit Papst Johannes XXIII. zu sich selbst sagen: Nimm dich nicht so wichtig! Oder: sich bücken, um den Grund zu entdecken, der uns trägt. Die Tür zur Geburtskirche Jesu in Bethlehem ist so niedrig, dass man sich bücken muss, um hineinzukommen. Das war zwar ursprünglich ein Schutz gegen das Eindringen von Kamelreitern, kann heute aber als Sinnbild gedeutet werden: Wer einen Zugang zu Jesus und zu seinen Idealen finden will, der darf sich nicht aufblähen und groß machen.

Tiefer – das zweite Lernziel im Trainingsprogramm des Paulus.

Näher: Paulus weiß, dass für den Glauben nichts so gefährlich ist wie die Distanz, der weite Abstand zu Gott und zum Mitmenschen. Deshalb sagt er: »Gewährt jederzeit Gastfreundschaft!« *(Röm 12,13).* Mit anderen Worten: Lasst die anderen mit ihren Freuden und Sorgen nahe an euch heran, lasst sie Heimat und Geborgenheit bei euch finden; macht die, die auf euch angewiesen sind, zu euren Nächsten! »Wussten sie schon« – fragt Wilhelm Willms in einem Gedicht – »dass die nähe eines menschen gesund machen ... und lebendig machen kann ... wussten sie schon, dass das zeithaben für einen menschen mehr ist als geld, mehr als medikamente ... wussten sie schon, dass das anhören eines menschen wunder wirkt?«

Näher herankommen an die Anliegen der anderen und an das, was Jesus mir zu sagen hat – die dritte Devise im Glaubenstraining des Paulus.

Wir dürfen uns daran freuen, wenn sich Sportlerinnen und Sportler unter den Maximen ›Schneller – Höher – Weiter‹ zum friedlichen Wettkampf treffen.

Und wir können uns durch sie motivieren lassen zum Training für die etwas anderen Leitmotive unseres Christseins, für das Kontrastprogramm, das unser Glaubenstrainer Paulus zusammengestellt hat: ›Langsamer – Tiefer – Näher‹.

### Meine verehrten Trauergäste ...
*(Totenmonat November)*

Haben Sie sich schon Gedanken über die Predigt an Ihrer Beerdigung gemacht? Wahrscheinlich nicht. Warum sollte ich? – werden Sie denken. Darüber muss sich einmal ein anderer den Kopf zerbrechen.

Peter Noll denkt nicht so: Der Pastorensohn und Strafrechtsprofessor in Zürich bekommt 1981 die Diagnose ›Blasenkrebs‹ und entscheidet sich bewusst gegen eine Operation. Er will nicht von medizinischen Geräten abhängig werden, sondern in Freiheit auf den Tod zugehen. Was ihn in der letzten Phase seines Lebens beschäftigt, bringt er unter der Überschrift ›Diktate über Sterben und Tod‹ zu Papier – darunter auch eine Ansprache für seine eigene Trauerfeier. Einige Sätze daraus:

»Was soll sich denn ändern im Leben, wenn wir an den Tod denken? Vieles, nicht alles ... Wir werden sorgfältiger umgehen mit der Zeit, sorgfältiger mit den anderen, liebevoller, wenn Sie so wollen, geduldiger – und vor allem freier. Niemand kann uns mehr nehmen als das Leben, und das wird uns ohnehin genommen. Die Zwänge der vermeintlichen Bedürfnisse, die Karriere, die Statussymbole, die gesellschaftlichen Zwänge, sie werden mehr und mehr gleichgültig und wir können zum Beispiel einfach sagen, was wir denken, rücksichtslos gegenüber den

Konventionen oder Mächten, die es uns verbieten wollen ... Ich kann Ihnen sagen, weil ich es in den letzten Monaten erlebt habe, dass der Gedanke an den Tod das Leben wertvoller macht.«

Nicht fromme Sprüche oder die Verdienste des gestorbenen Peter Noll sollen seine Trauergäste zu hören bekommen, sondern Anregungen, wie ihr eigenes Leben besser gelingen könnte. Nicht von Verlust soll die Rede sein, sondern vom Gewinn, den die Nähe des Todes bringen kann. Und dieser Gewinn hat für Peter Noll drei Namen: Sorgfalt, Geduld und Freiheit werden dem geschenkt, der den Gedanken an den Tod nicht verdrängt.

Sorgfalt – das Wissen um die eigene Endlichkeit macht jeden einzelnen Tag kostbar. Jede neue Woche, die mir gegeben wird, bietet die Chance, mein Leben zu vertiefen, bewusst und behutsam zu gestalten. Jede Begegnung mit einem lieben Menschen könnte die letzte sein und gewinnt deshalb an Ernsthaftigkeit und Intensität.

Geduld – die Konfrontation mit der eigenen Begrenztheit und Hinfälligkeit macht auch die Grenzen der anderen erträglicher. Sie lässt mich davor erschrecken, wie kleinlich ich manchmal meine Mitmenschen kritisiere, und wie lieblos ich ihre Schwächen beurteile. Auch meine innere Unruhe und Unzufriedenheit, meine Hektik und Betriebsamkeit wird fragwürdig, wenn ich ans Ende meines Lebens denke.

Freiheit – im Angesicht des Todes werden Besitz und Macht, Geld und Karriere zweitrangig. Der nüchterne Blick auf die Tatsache, dass ich einmal alles loslassen muss und gar nichts mehr festhalten kann, unterzieht meine Maßstäbe einer heilsamen Prüfung. Meine Abhängigkeiten und vermeintlichen Sicherheiten werden aufgedeckt. Ich erkenne, wie krampfhaft ich mich manchmal an Dinge klammere, die keinen bleibenden Wert besitzen. Wenn die Konfrontation mit unserer Vergänglichkeit dem Leben eine neue Qualität geben kann, ist es vielleicht doch gar nicht so abwegig, sich ab und zu Gedanken über die eigene Trauerpredigt zu machen ...

### Der tanzende Tod
*(Totenmonat November)*

Sommerurlaub am Gardasee. Ausflug nach Madonna di Campiglio durch das reizvolle Rendena-Tal. Zwischenstation in Pinzolo. »Friedhofskirche San Vigilio, interessant durch den großartigen Totentanz auf der Südfassade« – steht im Reiseführer. Ein faszinierendes Fresko von 20 Metern Länge, geschaffen von einem Wandermaler aus dieser Gegend im 16. Jahrhundert. Links die ›Toten-Tanz-Band‹ – drei dudelsackpfeifende und trompetenblasende Skelette, dann in einer langen Reihe die Tanzpartner des Todes: Kind und Bettler, Hofdame, Äbtissin und Königin, Ritter und Landsknecht, Mönch, Bischof und Kardinal, allen voran ein Papst – alle vom Pfeil des Todes durchbohrt, mit betroffenen Gesichtern und hilflosen Gesten, und bei allen ein Totengerippe, das sie an der Hand nimmt und zum Tanz führt. Ein fesselndes Kunstwerk, ein lohnendes Objekt für den Urlaubsfilm.

Totenmonat November. Die Urlaubsbilder sind entwickelt. Jetzt sind sie nicht mehr nur Erinnerungen an einen schönen Ausflug, nicht mehr nur Abbildungen eines interessanten Kunstwerks. Der tanzende Tod ist jetzt mein Prediger geworden. Er fordert mich auf: Lebe so, dass ich jederzeit auf dich zukommen kann. Lebe so, dass jeder neue Tag, der dir geschenkt wird, dein letzter sein könnte. »Die Alten, die Jungen, die Bösen, die Frommen, sie müssen alle, alle mitkommen« – lässt der Maler eines der Totengerippe sagen.

Der tanzende Tod ist mein Prediger geworden. Er warnt mich und sagt: Pass auf, ich tarne mich gern als Lebemann. Was du für bewegtes und unbeschwertes Leben hältst, kann tödlich sein. Pass auf, wenn dich einer zum Tanz ums goldene Kalb einlädt – es könnte der Tod sein, der Tod, der mit der Schlinge von Besitz und Geld deine Menschlichkeit und deine Güte ersticken will. Pass auf, wenn dich einer zum Eiertanz vor hohen Persönlichkeiten verführen will – es könnte der Tod sein, der Tod, der deine Ehrlichkeit und Bescheidenheit zur Strecke bringen will.

Der tanzende Tod ist mein Prediger geworden. Er tröstet mich und lässt mich wissen: Vor mir sind alle Menschen gleich. Ansehen, Rang und Namen haben vor mir kein Gewicht. »Ich lade zum Tanz so Herren wie Vasallen, aus der Armut Hütten, aus Palastes Hallen« – lautet ein Vers unter dem Totentanz von Pinzolo.

Urlaubsbilder als Denkanstöße ...

# Das kleine Glaubens-ABC

*Impulse für den Alltag*

## Jesus

### Jesus, der Arzt – und eine ärztliche Kirche
*(In der Praxis Jesu ›Sprechstundenhilfe‹ werden)*

Jesus begründet seine Vor-liebe für die Menschen am Rand, sein Zusammensein mit Sündern und Zöllnern klar und einleuchtend: »Nicht die Gesunden brauchen den Arzt, sondern die Kranken« *(Mt 9,12)*.

Jesus – der Arzt, der Therapeut, der Heiland; der, mit dessen Hilfe Menschen heil werden und aufleben können: ein Jesusbild, das neugierig macht.

Jesus – der etwas andere Arzt: So müssten wir sagen, wenn wir uns seine Behandlungsmethoden etwas genauer anschauen. Zwei seiner eigenwilligen Therapien sind: Mitgehen und Mitessen.

»Geh mit!« – sagt er zum Zöllner Matthäus. Mit anderen Worten: Ich will dich in meiner Nähe haben, bleib bei mir.

Wir alle wissen, wie heilsam das ist, wenn jemand zu uns sagt: Ich brauche dich – deine Freundlichkeit, deine offene Art, deine praktischen Fähigkeiten. Wer von uns ist nicht schon zu seiner Hochform aufgelaufen, wenn er gespürt hat: Hier werde ich anerkannt; hier wird das, was ich kann, geschätzt.

»Geh mit!« – sagt Jesus auch zu uns. Bleib mit mir verbunden. Ich brauche dich – dein Zuhören-Können, deine Hilfsbereitschaft, deine aufmunternden Worte, damit meine Vorstellungen von einem guten menschlichen Zusammenleben auch heute Wirklichkeit werden können.

»Iss mit!« – sagt Jesus zu vielen Zöllnern und Sündern. Mit anderen Worten: Ich möchte dich an meinem Tisch haben. Ich möchte mit dir nicht nur Brot und Wein teilen, sondern auch Freude und Leid.

Wir alle wissen, wie heilsam das ist, wenn jemand zu uns sagt: Ich lade dich ein. Ich fühle mich wohl in deiner Gemeinschaft. Ich höre dir gerne zu und interessiere mich für deine Erfahrungen. Wer von uns freut sich nicht, wenn er spürt: In dieser Gemeinschaft darf ich sein, wie ich bin. Ich muss mich nicht verstellen.

»Iss mit« – sagt Jesus auch zu uns. Ich habe dich gern in meiner Tischgemeinschaft – in den Gottesdiensten, an den Tischen zu Hause und in den Gruppen, in denen du dich mit anderen triffst. Iss mit und teile mit ihnen Brot und Leben, damit die Erinnerung an mich in der Welt lebendig bleibt.

Jesus, der etwas andere Arzt und seine eigenwilligen Heilmethoden: Dieses Bild ließe sich noch weiter ausmalen:

Unsere Gemeinden – das wären dann die ›Praxisräume‹, in denen das Mitgehen mit Jesus eingeübt wird, in denen die Tischgemeinschaft mit ihm erlebt werden kann.

Unsere Gottesdienste, unsere Zusammenkünfte in den Gemeindegruppen – das wären die ›Sprechstunden‹ unseres Arztes; die Stunden, in denen er uns anspricht; in denen wir seine tröstenden und herausfordernden Worte hören.

Alle, die unsere Gottesdienste mitgestalten und sich im Gemeindeleben engagieren – das wären die ›Sprechstundenhilfen‹ dieses Arztes; die Frauen und Männer, die mithelfen, dass wir mit Jesus im Gespräch bleiben, dass seine Worte und Taten ansprechend in unsere Zeit hinein erzählt werden.

Ich bin überzeugt: viele sitzen im Wartezimmer dieses Arztes und wissen es gar nicht. Sie warten auf Heilung ihrer zerbrochenen Träume und Hoffnungen. Sie warten darauf, einen Sinn, eine Aufgabe in ihrem Leben zu finden. Sie warten auf ein gutes Wort, auf einen, der mit ihnen geht und sich mit ihnen an einen Tisch setzt.

Als ›Sprechstundenhilfen‹ unseres Arztes könnten wir zu ihnen ins Wartezimmer gehen und ihnen sagen: In der Praxis Jesu, in seinen Worten und in seinem Umgang mit den Menschen findet ihr Anregungen für ein gelingendes, erfülltes Leben.

## Der Meistercoach
*(Sich von Jesus beraten lassen)*

»Sie haben einen Traum? Sie wollen sich verändern und entwickeln? Sie suchen den Weg zu einem sinnvollen und erfüllten Leben? Dann kann ich Ihnen als Erfolgstrainer in einem traditionsreichen Unternehmen weiterhelfen: Ich unterstütze Sie bei der Planung und Durchführung von Visionsarbeit, bei Musterunterbrechungen und Perspektivenwechseln. Besuchen Sie meine weltweit bekannten Wochenendseminare. Ich freue mich auf Sie!«

Mit einer solchen Annonce könnte jeder Unternehmens- und Lebensberater für sich Werbung machen. Diese Sätze könnten aber auch in den Schaukästen und

Pfarrbriefen unserer Gemeinden ihren festen Platz haben. Denn Jesus, der Meistercoach, bietet Woche für Woche seine Dienste an.

Alle, die nach einem Ziel in ihrem Leben suchen, lädt er ein zur Visionsarbeit: In vielen Geschichten stellt er uns die neue Welt Gottes vor Augen und appelliert an unsere Phantasie, damit sie auch durch uns sichtbar und erfahrbar wird. Er erzählt das Gleichnis von den Talenten und regt uns damit zum Nachdenken an, welche Begabungen wir auf unseren Lebensweg mitbekommen haben und entfalten können. ›Salz der Erde‹ oder ›Licht der Welt‹ nennt er uns und will, dass wir uns ausmalen, wie wir mit seiner Botschaft unsere oft so fade Umwelt würzen und in die Dunkelheit vieler Herzen einen Hoffnungsschimmer bringen können.

Alle, die sich festgefahren haben und aus ihrer Alltagsroutine nicht mehr herausfinden, provoziert er zu Musterunterbrechungen: Indem er gerade die Ausgegrenzten und Verachteten in seine Nähe holt, bringt er unsere Freund- und Feindbilder kräftig durcheinander. Wenn er den vielen Geboten und Verboten seiner Religion das mutige »Ich aber sage euch« entgegenstellt, dann rüttelt er auf und erschüttert die Vorstellung, durch bloße Gesetzesbefolgung sei schon der Wille Gottes erfüllt. Mit paradoxen Sätzen wie »Wer sein Leben retten will, wird es verlieren« stört er unsere Denkmuster und lässt uns neu nach dem fragen, was unser Leben in den Augen Gottes wirklich wertvoll macht.

Allen, die nur noch sich selber sehen oder immer den Blick auf das Negative richten, empfiehlt er einen Perspektivenwechsel: Im Gleichnis von den Arbeitern im Weinberg will er die Tagelöhner der ersten Stunde dazu bringen, die Großzügigkeit des Gutsbesitzers einmal aus dem Blickwinkel derer zu betrachten, die ohne eigenes Verschulden erst am Abend Arbeit bekommen und trotzdem mit einem ganzen Tageslohn nach Hause gehen dürfen. Schaut nicht nur auf das Kleine und Oberflächliche, sondern seht tiefer und weiter, und entdeckt im winzigen Samen schon die reife Frucht oder im kleinen Senfkorn schon den Baum, in dem die Vögel nisten – rät er uns in weiteren Bildworten. »Alles, was ihr von anderen erwartet, das tut auch ihnen!« – Auch mit der Goldenen Regel legt er uns den Wechsel der Blickrichtung nahe: Nicht zuerst fragen, was ich dem anderen tun soll, sondern mir überlegen, wie ich vom anderen behandelt werden möchte – und dann genauso handeln.

Ob Visionsarbeit, Musterunterbrechung oder Perspektivenwechsel – Jesus beherrscht hervorragend die Methoden des Coaching. Er freut sich, wenn wir seine etwas anderen Wochenendseminare – unsere Gottesdienste – besuchen und uns von ihm beraten lassen.

»Eine Vision ohne Handlung ist nur ein Traum. Aktion ohne Vision hinterlässt keine Wirkung. Visionen mit Handlungen können die Welt verändern.«

Was Unternehmens- und Lebensberater in ihren Annoncen oft mit solchen oder ähnlichen vollmundigen Worten versprechen, hat unser Meistercoach schon längst gehalten ...

### Jesus und Murphy's Gesetze
*(Anderen ihr Glück gönnen)*

Der Amerikaner Arthur Bloch hat unser Alltagsleben auf Gesetzmäßigkeiten und immer wiederkehrende Erfahrungen untersucht. Seine Erkenntnisse bündelt er in griffigen und humorvollen Formeln, die als ›Murphy's Gesetze‹ bekannt geworden sind. Von der Gültigkeit eines dieser Gesetze können wir uns täglich überzeugen: »Die andere Schlange kommt schneller voran.« Vor der Kasse im Supermarkt, auf dem Bahnhof an den Ticketschaltern, im Stau auf der Autobahn, an den Toren vor dem Fußballstadion – die andere Schlange kommt schneller voran.

Murphy's Gesetz gilt für alle Lebensbereiche: Immer gibt es andere, die schneller vorwärts kommen, die ein bisschen mehr Glück haben, die gesünder sind oder sorgloser leben können. Immer habe ich den Eindruck, dass anderen etwas in den Schoß fällt, was ich mir hart erarbeiten muss. Immer meine ich, in der falschen Schlange zu stehen.

Auch in der Bibel begegnet mir Murphy's Gesetz: Jesus erzählt von einem Gutsbesitzer, der mehrmals am Tag auf den Marktplatz geht, um Arbeiter für seinen Weinberg zu finden. Die einen arbeiten vom frühen Morgen an, die anderen werden erst eine Stunde vor Feierabend eingestellt – und dennoch erhalten alle den gleichen Lohn *(Mt 20,1–16)*. Wieder einmal in der falschen Schlange gewartet – müssen sich die Männer der ersten Stunde denken.

Gilt Murphy's Gesetz womöglich auch noch für die Schlange vor der Himmelstür? Bin ich nicht in der falschen Spur, wenn ich mich um ein ehrliches und anständiges Leben nach Gottes Geboten bemühe – und der andere, der sich durchmogelt und erst in letzter Minute besinnt, dieselbe Chance hat?

Es gibt anscheinend keine Möglichkeit, diese Regel außer Kraft zu setzen. Ich kann zwar versuchen, mich in die andere Schlange einzureihen – aber dann tritt sofort ein weiteres Gesetz Murphy's in Kraft: »Wenn du die

Spur wechselst, wird sich die Schlange, die du gerade verlassen hast, schneller bewegen als die, in der du jetzt stehst.«

Wenn ich in der anderen Schlange stehe, entdecke ich schnell, dass hier nicht alles so glatt läuft, wie es auf den ersten Blick aussah. Wenn ich das Leben der vermeintlich Glücklicheren näher kennen lerne, bleiben mir auch die Schattenseiten, Leid und Not nicht verborgen. Wenn ich mich in die Arbeiter der letzten Stunde hineindenke, von denen Jesus erzählt, dann kommen die Fragen: Ist das wirklich Glück – den ganzen Tag nicht arbeiten zu dürfen, obwohl man möchte? Ist das erstrebenswert – stundenlang Angst zu haben, ob man überhaupt noch etwas für den Lebensunterhalt zusammenbringt? Wenn ich mir's genau überlege: Ist ein Leben, das sich vorwiegend an Reichtum, Vergnügen und Bequemlichkeit orientiert, tatsächlich so verlockend?

»Die andere Schlange kommt schneller voran.« Murphy's Gesetz wird dich durchs Leben begleiten, aber es wird dich immer weniger stören, wenn du dir durch die Geschichte Jesu sagen lässt: Sei nicht neidisch, wenn es anderen gut geht! Gönne ihnen ihr Glück! Freu dich mit den Arbeitern der letzten Stunde über den unerwarteten Lohn – du könntest selbst einmal wie sie auf die Güte und Barmherzigkeit eines anderen angewiesen sein! Je mehr du dich mit ihnen freuen kannst, desto zufriedener wirst du selbst. Je besser du dich in ihre Lage versetzen kannst, desto dankbarer wirst du dafür sein, dass Gott nicht nach Leistung, sondern nach Bedürftigkeit seine Zuwendung verteilt.

# Der ›Herz-Optiker‹
*(In die ›Seh-Schule‹ Jesu gehen)*

Kurzsichtigkeit und Weitsichtigkeit sind häufig auftretende ›Augenkrankheiten‹: Im einen Fall kann nur die nächste Umgebung einigermaßen scharf gesehen werden, alles andere bleibt verschwommen. Im anderen Fall verliert das Naheliegende seine Konturen, das Entfernte dagegen lässt sich gut erkennen. Mit einer entsprechenden Brille kann der Augen-Optiker diese beiden Sehfehler korrigieren.

Kurzsichtigkeit und Weitsichtigkeit sind aber auch weitverbreitete ›Herz-Krankheiten‹: Wenn – wie St. Exupery sagt – unseren Augen das Wesentliche verborgen bleibt und wir nur mit dem Herzen gut sehen, dann können uns diese beiden Herzfehler gefährlich werden. Ein kurzsichtiges Herz erkennt nur das Vordergründige, es sieht am anderen nur das Äußere, Oberflächliche, es blickt nicht durch auf sein wahres Wesen, es kann über Kleinigkeiten nicht mehr hinwegsehen. Es lässt sich fesseln und erdrücken von den Alltagssorgen und verliert den Überblick. Ein weitsichtiges Herz dagegen übersieht den Nächsten und das Nächstliegende, es nimmt das Kleine und Unscheinbare nicht wahr, sondern fixiert sich auf große Träume und weit entfernte Ziele.

Ich habe einen Optiker, der mich immer wieder auf diese Herzkrankheiten testet. Meine Weitsichtigkeit korrigiert er, indem er mir die Geschichte vom barmherzigen Samariter erzählt und meinen Blick auf den Nächsten lenkt, auf das Naheliegende und jetzt Notwendige; indem er mir die Augen öffnet für die Kleinen und die hilfesuchenden Menschen in meiner Umgebung, die ich oft übersehe.

Meine Kurzsichtigkeit korrigiert er, indem er mir hinter allem Verwirrenden in meinem Leben das Ziel zeigt, auf das ich zugehe; indem er mir einen neuen Durchblick, eine neue Lebens-Perspektive eröffnet, wenn ich ängstlich auf die vielen kleinen Dinge starre, die mir Kummer machen; indem er in mein oft so kleinkariertes Denken eine Weite bringt; indem er mich dazu ermuntert, im unscheinbaren Samen schon das reife Getreidefeld zu sehen und im winzigen Senfkorn schon die große Staude.

Durch die Brille, die mein ›Herz-Optiker‹ mir anpasst, sehe ich weiter. Ich kann entdecken, dass die Veränderung der Welt schon im Gang ist – in jedem einzelnen Menschen, der den ersten Schritt zur Versöhnung tut, in jedem, der den unbequemen anderen erträgt, in jedem, der eine frohe und gelöste Atmosphäre verbreitet.

Allen, die mit dem Herzen gut sehen wollen, kann ich Besuche bei meinem Optiker wärmstens empfehlen, ebenso als Lektüre das beste Handbuch der ›Herz-Optik‹, das Neue Testament.

## Kirche

**Nachdenkliches aus dem Freibad**
*(Kirche – Ort der Gesprächsbereitschaft?)*

Im Freibad, in einer Umkleidekabine, habe ich ihn zufällig entdeckt. Zwischen anderen klugen, witzigen und derben Sprüchen war er ganz klein an die Wand gekritzelt. Der Satz: »Wenn jemand, den du nicht kennst und der dich nicht kennt, dir etwas erzählt von Dingen, die er nicht kennt – dann bist du in einer Kirche!« Ironisch, provozierend, anklagend – aber leider auch oft zutreffend. Die Anonymität und Lebensferne vieler Gottesdienste lässt sich nicht leugnen.

Der ›Witz‹, das Paradoxe daran ist: Die Menschen, die sich in den Kirchen treffen, berufen sich auf einen, der ein Meister des persönlichen Gesprächs war. Sie wissen, dass Jesus nicht nur Reden vor dem Volk hielt, sondern sich auch Zeit nahm für den einzelnen. Man konnte ihn kennenlernen und entdecken: Der weiß, wovon er redet. Man konnte spüren: Seine Zuwendung und Anteilnahme sind abgedeckt durch sein Verhalten: Mit dem vornehmen Nikodemus diskutiert er eine Nacht lang über den Sinn des Lebens. Maria fesselt er mit seinen Worten – sehr zum Leidwesen ihrer fleißigen Schwester Marta. Eine samaritische Frau spricht er in der glühenden Mittagshitze am Jakobsbrunnen an. Er redet von sich. Sie versteht ihn nicht. Er versucht, die Missverständnisse auszuräumen. Seine Worte überzeugen. Sie fühlt sich ernst genommen. Was er sagt, ist nicht abgehoben. Es ist habhaft wie Brot, erfrischend wie Wasser.

Solche Gesprächspartner sind heute – im Zeitalter der ›Massenkommunikationsmittel‹ – mehr denn je gesucht. »Ich möchte«, sagen viele, »mit jemandem richtig reden können. Mit einem, der zuhören kann, der versucht, mich zu verstehen, dem nicht gleichgültig ist, wie es mir gerade geht, der nicht nur billigen Trost für mich übrig hat.« »Ich wünsche mir«, sagen viele, »eine Kirche, in der man miteinander spricht, in der man einander kennenlernt und Impulse bekommt zur Gestaltung des eigenen Lebens.«

Er ist leicht zu merken, der Satz aus der Umkleidekabine im Freibad. Er ist immer gut für eine Selbstbesinnung der Kirche, als Anfrage, ob die Gesprächsbereitschaft Jesu in ihr genügend zum Ausdruck kommt. Und mich bringt er zum Nachdenken, wie meine Gespräche aussehen: Ob sich der andere bei mir nicht manchmal vorkommt wie in einer Kirche?

## Neue Wege
*(Kirche – Christen mit einem riskanten Traum?)*

Vom verstorbenen Rottenburger Bischof Georg Moser stammt der Satz: »Eine Kirche, die nichts riskiert, riskiert am Ende alles.«
Eine kleine Episode aus dem Jerusalemer Gemeindeleben, die uns im 6. Kapitel der Apostelgeschichte erzählt wird, illustriert eindrucksvoll, welche Früchte Risikobereitschaft und Suche nach neuen Wegen der Seelsorge tragen können *(Apg 6,1–7)*.

Es lohnt sich, die ersten Verse dieses Kapitels genau unter die Lupe zu nehmen und darin zu entdecken, wie sich die junge Kirche auf die Herausforderung einer veränderten Situation eingelassen und mutig die Strukturen der Gemeindearbeit neu geregelt hat. Es könnte sich auch lohnen, diese Verse in unsere heutige Zeit hinein weiterzuschreiben, etwa so:

»In diesen Tagen, als die Zahl der Jünger abnahm, als viele junge Menschen stillschweigend aus den Gemeinden abwanderten, als immer häufiger über die Leblosigkeit und Unbeweglichkeit der Kirche geklagt wurde, da begehrten einige gegen die Verantwortlichen auf, weil ihrer Meinung nach bei der ›Versorgung‹ der Gemeinden viele Dinge übersehen wurden.

Da riefen die Hirten ihre Mitarbeiter und die Gläubigen zusammen und erklärten: Es ist nicht recht, dass wir das Wort Gottes vernachlässigen und vor der neuen Situation die Augen verschließen. Es ist nicht recht, dass wir uns mehr der Vergangenheit widmen und uns nur an die alten Traditionen klammern. Es ist nicht recht, dass so viele Gemeinden ohne Seelsorger und Leiter sind, nur weil wir uns daran gewöhnt haben, dass diesen Dienst nur unverheiratete Männer tun können.

Und dann sagten sie den Gläubigen: Wählt aus eurer Mitte Frauen und Männer mit gutem Ruf, voll Engagement und mit der Fähigkeit, Einheit zu stiften und das Wort Gottes überzeugend weiterzusagen. Ihnen werden wir die Aufgabe der Gemeindeleitung übertragen.

Der Vorschlag fand den Beifall vieler Gläubigen, sie wählten geeignete und bewährte Frauen und Männer, ließen sie vor die Nachfolger der Apostel hintreten, diese beteten und legten ihnen die Hände auf. Sie beauftragten sie zur Verkündigung der Frohen Botschaft, zur Leitung der Gemeinden und ihrer Gottesdienste, und zur tätigen Nächstenliebe.

Das Wort Gottes breitete sich aus, die Zahl der Gläubigen wurde wieder größer. Auch eine große Anzahl derer, die der Kirche bisher skeptisch gegenübergestanden hatten, nahm den Glauben an. Sie sagten: Wir haben gesehen, wie in der Kirche offen über Probleme gesprochen wird, wie Fehlentwicklungen eingestanden und korrigiert werden, wie alle miteinander um des Reiches Gottes willen nach neuen Wegen in der Seelsorge suchen.«

Vielleicht ein etwas riskanter Kirchentraum, aber: »Eine Kirche, die nichts riskiert, riskiert am Ende alles.«

# Unerträglich
*(Kirche – offen nach beiden Seiten?)*

»Was die Kirche sagt, ist unerträglich« – meinen einige, die sich überzeugte Katholiken nennen, und gründen eine neue Gemeinschaft. Sie protestieren lautstark gegen die Erneuerungen, mit denen ihre Kirche die eigene Tradition verraten habe. Das Verschwinden der lateinischen Sprache aus den Gottesdiensten ist ihnen ein Ärgernis. Ökumenische Annäherungsversuche zerstören ihrer Ansicht nach den wahren Glauben, und den Wunsch nach mehr Mitbestimmung der Laien halten sie für eine Einflüsterung des Teufels.

»Was die Kirche sagt, ist unerträglich« – empfinden auch andere und verlassen stillschweigend die Gemeinden und ihre Gottesdienste. Sie leiden unter der starren Haltung ihrer Kirche, was die Fragen der Geburtenregelung oder der wiederverheirateten Geschiedenen anbetrifft. Die floskelhafte, kraftlose Sprache der Gottesdienste kann, so sagen sie, ihrem Leben keine entscheidenden Impulse geben.

»Was er sagt, ist unerträglich« – stellen auch viele Jünger Jesu fest und laufen ihm scharenweise davon. Die einen kommen nicht klar mit seiner freien und kritischen Einstellung zu manchen jüdischen Geboten, mit seinen engen Beziehungen zu den Außenseitern der damaligen Gesellschaft, mit seiner radikalen Forderung, alles aufzugeben und ihm zu folgen. Den anderen ist seine Botschaft zu rücksichtsvoll, zu sanft. Sie haben von ihm härtere Worte und einen erbitterten Kampf gegen die römischen Besatzer erwartet. Jesus ist es nicht gleichgültig, dass so viele seiner Anhänger ihn verlassen und nicht mehr mit-ziehen. »Wollt auch ihr weggehen?«, fragt er traurig die wenigen, die bisher bei ihm ausgehalten hatten. Mit ihnen zusammen setzt er alles daran, die anderen zurückzugewinnen. Den einen versucht er die Notwendigkeit von Veränderung und Neuanfang einsichtig zu machen, den anderen will er zeigen, dass ein wirklich menschliches Zusammenleben durch die Revolution der Liebe wächst und nicht mit Waffengewalt herbeigezwungen werden kann.

Auch der Kirche kann es nicht gleichgültig sein, wenn viele ihr den Rücken kehren. Sie bemüht sich, der kleinen Gruppe die Rückkehr zu erleichtern, die am Fortschritt der Kirche leidet. Es wäre unerträglich, wenn die Kirche nicht ebenso große Anstrengungen unternehmen würde, die vielen zurückzugewinnen, die mit der Unbeweglichkeit der Kirche nicht zurechtkommen.

### Eine fast biblische Geschichte
*(Kirche – Heimat für beide Söhne?)*

Ein Mann hatte zwei Söhne. Der Jüngere war weit herumgekommen und hatte die Ängste und Hoffnungen der Menschen kennengelernt. In einer neuen Sprache erzählte er von seinen Erfahrungen und schrieb sie auf. Viele lasen und hörten ihn gern. Überall sprach er davon, sein Vaterhaus müsse dringend renoviert werden, damit es bewohnbar bleibe. Er begann, die verstaubten Bilder wieder zum Leuchten zu bringen, fließendes Wasser zu installieren und neue Fenster und Türen einzubauen. Zu einer ›angstfreien Zone‹ wollte er das Haus machen. Hilfesuchende und unglückliche Menschen sollten hier eine neue Heimat finden.

Sein großer Bruder beobachtete argwöhnisch jeden

seiner Schritte. Er war stolz auf die lange Tradition seines Vaterhauses. Die neue Sprache seines Bruders verstand er nicht, und er hatte Angst, die Renovation würde das Haus zerstören. Immer häufiger hielt er seinem Bruder die alte Hausordnung unter die Nase, und immer heftiger stritten sie darüber, wie diese Hausordnung zu verstehen sei. Eines Tages setzte der ältere seinen jüngeren Bruder vor die Tür.

Der Vater, der sich bis dahin zurückgehalten hatte, war sehr traurig über seine beiden Söhne. Sie wollen doch beide, dass sich die Menschen in unserem Haus wohlfühlen, dachte er. Warum können sie nicht mehr miteinander reden?

Und er ging zu seinem jüngeren Sohn und sagte: »Ich verstehe deine Enttäuschung und Verbitterung. Aber erinnerst du dich an den Satz, den ich dir immer wieder ans Herz gelegt habe: Was ihr von anderen erwartet, das tut auch ihnen? Wenn du willst, dass dein Bruder dich und dein Anliegen versteht, dann musst auch du dich in ihn hineinversetzen. Wenn du erwartest, dass er den ersten Schritt tut, dann musst auch du dazu bereit sein.«

Darauf ging er zu seinem älteren Sohn und sagte: »Ich verstehe deine Angst und deine Sorge um unser Haus. Aber erinnerst du dich an die Geschichte vom Unkraut und vom Weizen, die ich dir schon oft erzählt habe? Wenn du nicht die Geduld hast, beides wachsen zu lassen bis zur Ernte, dann reißt du mit dem Unkraut auch den Weizen aus. Wenn du einige unfertige Gedanken deines Bruders ausmerzen willst, dann wirst du auch das Gute, das er für uns tut, zerstören.«

Ob den beiden Söhnen die Worte ihres Vaters noch zu Herzen gehen?

## So ein Esel
*(Kirche – Gemeinschaft aus Störrischen und Geduldigen?)*

»Man muss schon ein Esel sein, wenn man sich heutzutage in der Kirche engagiert!« – »Stimmt genau«, werden diejenigen denken, die vieles an der Kirche auszusetzen und sich deshalb von ihr abgesetzt haben.

»Stimmt genau«, sage auch ich, nachdem ich mir die Geschichte vom Einzug Jesu in Jerusalem näher angeschaut habe. Ein Esel hat Jesus damals zu den Leuten getragen – und so lässt sich auch umschreiben, was zu allen Zeiten die Aufgabe der Christen und der Kirche sein wird: Jesus zu den Menschen tragen, sein Evangelium unter die Leute bringen.

Ein Esel als Vorbild für die Kirche und ihre Gläubigen – ein amüsanter und interessanter Gedanke. Mir gefällt er, weil der Esel zwei charakteristische Eigenschaften besitzt, die wir nur schwer zusammenbringen. Den Esel kennzeichnet zum einen seine schon sprichwörtliche Geduld, und zum anderen gilt er als störrisches, eigenwilliges Tier.

Gerade diese Mischung könnte den Reiz eines christlichen Lebens ausmachen: Auf der einen Seite die Geduld, Lasten und Belastungen in der Familie oder im Beruf täglich auf sich zu nehmen und durchzutragen, die eigenen Grenzen zu akzeptieren und dennoch an sich zu arbeiten. Und auf der anderen Seite störrisch sein dürfen; protestieren, wenn innerhalb und außerhalb der Kirche Leben nicht zur Entfaltung kommen darf; kritisch und unbequem sein, wenn Ungerechtigkeiten stillschweigend übergangen werden. Oft sind es ja gerade die Störrischen, die uns durch ihren Widerstand zwingen, innezuhalten und die Dinge genauer zu betrachten, und die uns dadurch eher vorwärts bringen als die, die nur »iah!« sagen und mitlaufen.

Da bei uns Menschen diese beiden Eigenschaften leider meist nicht zusammen auftreten, wünsche ich mir eine Kirche, in der solche und solche ›Esel‹ einen Platz haben.

Und wenn dann einer zu mir sagen würde: »Man muss schon ein Esel sein, wenn man sich heutzutage in der Kirche engagiert« – dann könnte ich schmunzeln und sagen: »Stimmt genau!«

**Ein starkes Stück**
*(Kirche – Vorführraum mit Mängeln?)*

Eine kleine Anekdote aus dem Theaterleben: Ein Schauspieler stolpert abends angeheitert auf die Bühne und findet nicht in seine Rolle hinein. Die Souffleuse flüstert ihm verzweifelt die Stichworte seiner Einsätze zu. Nach mehreren vergeblichen Versuchen ruft der Schauspieler verärgert in den Souffleurkasten hinein: »Bitte keine Einzelheiten! Welches Stück?«

Bitte keine Einzelheiten! Um welches Stück geht es eigentlich in der Kirche? So denken und fragen heute viele: Bitte keine Einzelheiten und kleinliche Vorschriften im Bereich der Liturgie! Bitte keine theologischen Spitzfindigkeiten, die die Ökumene belasten und die niemand mehr verstehen kann! Bitte kein Streit um tausend Kleinigkeiten, der nur Energie kostet und nicht weiterbringt.

Um welches Stück geht es? Was ist denn die Mitte eures Glaubens? Welche Botschaft habt ihr uns anzubieten? Was wird bei euch gespielt?

Auf diese Frage würde ich – auch in der Theatersprache – so antworten: Das Stück, das wir spielen, heißt schlicht und einfach: Gott. Und es hat drei Akte: Der Vater. Der Sohn. Der Heilige Geist.

Auf die Frage »Was gibt Euch Halt und Kraft?« könnte ich antworten: Wir vertrauen darauf, dass unser Leben einen Wert hat, den wir uns nicht selbst erarbeiten müssen. Wir sehen es als Geschenk, das wir einem anderen verdanken. Und wir dürfen es in Freiheit und mit Phantasie, mit den uns geschenkten Fähigkeiten gestalten. Wir glauben daran, dass wir auch in Krankheit und Leid nicht allein sind, sondern von Gott gestärkt und begleitet. Wir hoffen, dass ein anderer vollenden wird, was in unserem Leben bruchstückhaft geblieben ist. Wir haben ein Gegenüber, dem wir unser Leid klagen und unsere Freude mitteilen können. Das wäre der Inhalt des ersten Akts: Wir glauben an Gott, den Vater.

Auf die Frage »An wem orientiert Ihr Euch?« könnte ich antworten: Wir halten uns an Jesus von Nazareth. Ihn nennen wir Sohn Gottes, weil er uns wie kein anderer diesen Gott, den Vater, gezeigt hat; weil er uns vorgelebt hat, wie Gott sich unsere Welt wünscht. Jesus spielt uns den Dreiklang zu, der uns zu einem erfüllten Leben führen will: den Dreiklang der Gottes-, der Nächsten- und der Selbstliebe. Wenn ich Gott die Ehre gebe und mich als sein Geschöpf verstehe; wenn ich den anderen respektiere und ihm menschlich begegne; wenn ich auch mich selbst akzeptiere und mir etwas gönne – dann kann mein Leben einen guten Klang bekommen. Das wäre der Inhalt des zweiten Akts: Wir glauben an Jesus Christus.

Auf die Frage »Wie lebt Ihr Euren Glauben?« könnte ich antworten: Wir versuchen, im Geist Jesu, in seinem Sinn zu reden und zu handeln. Wir versuchen, so wie er den Mitmenschen zu begegnen, ihre Bitten und Fragen zu hören, sie in ihren körperlichen und seelischen Nöten nicht allein zu lassen, sie – wo wir können – aufzurichten und zu unterstützen. Wir möchten seinen Geist – seine Ideen und Visionen von einer neuen Welt weitertragen. Wir lesen und hören von seinen Worten und Taten und wollen auch andere dafür begeistern. Wir treffen uns in unseren Kirchen, um miteinander zu beten und zu singen, um uns als Gemeinschaft zu erleben, um uns neue Anregungen für unser geistliches Leben schenken zu lassen. Das wäre der Inhalt des dritten Akts: Wir glauben an den Heiligen Geist.

»Bitte keine Einzelheiten! Welches Stück?« Der Dreiakter, der in unseren Kirchen zu sehen, zu hören und zu erleben sein soll, ist im wahrsten Sinn des Wortes ein starkes Stück – aber oft sind wir ihm nicht gewachsen.

Hape Kerkeling meint: »Gott ist für mich so eine Art hervorragender Film ... Und die Kirche ist lediglich das Dorfkino, in dem das Meisterwerk gezeigt wird ... Die Vorführung ist mies, doch ändert sie nichts an der Größe des Films. Leinwand und Lautsprecher geben nur das wieder, wozu sie in der Lage sind.«

Das Stück ist hervorragend – aber unsere Aufführung lässt manchmal etwas zu wünschen übrig. Der Film ist großartig – aber der Vorführraum Kirche hat einige Mängel.

## Christliche Lebenspraxis

### Gesundheit!
*(Sensibel werden)*

Bald niesen sie wieder – diejenigen unter uns, die, wenn in der Natur alles zu grünen und blühen beginnt, vom unangenehmen Heuschnupfen geplagt werden. Manche lassen sich auf ein ›Desensibilisierungs-Programm‹ ein, um dieser Zivilisationskrankheit Herr zu werden: Durch das Spritzen immer größerer Mengen der Substanzen, auf die der Körper allergisch reagiert, versucht man die Reizschwelle langsam zu erhöhen – so lange, bis eine Gewöhnung oder schließlich Unempfindlichkeit eintritt.

Viele unter uns leiden jedoch an Zivilisationskrankheiten, die eine gerade entgegengesetzte Therapie erfordern: Gefühlskälte, Anonymität, Ellbogen-Mentalität, Mangel an Treue und Eindeutigkeit. Um diesen Krankheiten wirkungsvoll zu begegnen, wären ›Sensibilisierungs-Programme‹ nötig: Man müsste die Reizschwelle langsam senken, damit wir auf immer kleinere Dosen von Unehrlichkeit, Untreue, Egoismus und Brutalität allergisch reagieren – so lange, bis Gewöhnung und Unempfindlichkeit ausgeschlossen sind.

Das beste Sensibilisierungs-Programm, das ich kenne, ist schon fast 2000 Jahre alt. Es hat unter anderem folgende Ratschläge zum Inhalt:

Teste deine Gedanken über andere und frage dich, ob du sensibel genug bist, hinter den Vorurteilen und dem Unangenehmen, das ins Auge sticht, noch den unsicheren, fragenden und auf Zuwendung hoffenden Menschen zu entdecken. Frage dich, ob du mit dem anderen nicht schon innerlich fertig bist, bevor du ihn offen fertigmachst.

Teste deine Gefühle dem Partner gegenüber und frage dich, ob du sensibel genug bist für Beziehungen und Entwicklungen, die deine Treue untergraben, lange bevor die Untreue offensichtlich wird.

Teste deine Sprache und frage dich, ob du sensibel genug bist, zwischen klaren und unverbindlichen Worten zu unterscheiden. Frage dich, ob man sich auf deine Zusagen verlassen kann, ob deine Worte offen legen, was du denkst und fühlst, ob sie Brücken zum anderen sind.

Dieses Sensibilisierungs-Programm ist – unter der Überschrift ›Bergpredigt‹ – im Matthäusevangelium zu finden. Je größer die Zahl derer wird, die mit diesem Programm zu leben versuchen, desto gesünder könnte das Klima unseres mitmenschlichen Umgangs sein.

Aber Vorsicht: Desensibilisierung bei Heuschnupfen kann Jahre dauern – Sensibilisierung mit der Bergpredigt garantiert ein Leben lang!

## In der ›Gottes-Schule‹
*(Den Glauben lernen I)*

Es gibt Sätze in der Bibel, die kann man hundert Mal lesen und überlesen, aber beim hundertsten Mal springen sie einem plötzlich in die Augen. Mir ist das so gegangen mit einem Satz, den Jesus aus dem Buch des Propheten Jesaja zitiert: »Und alle werden Schüler Gottes sein« *(Joh 6,45)*.

Schüler Gottes sein, bei Gott in die Schule gehen, die ›Gottes-Schule‹ besuchen – dieses Bildwort habe ich lange nicht wahrgenommen. Aber einmal entdeckt, fasziniert es mich. Ich will mir vorstellen, wie es in dieser

Gottes-Schule zugeht, was man da lernen und erleben kann.

Die Schulstunden in dieser Gottes-Schule – das sind für mich die Gottesdienste. In ihnen lernen wir durch das Wort der Heiligen Schrift und durch das Spiel der Liturgie, was Gott uns auf unseren Weg mitgeben will. In ihnen erfahren wir ›ganzheitlich‹, was glauben, hoffen und lieben heißt: wir hören, sehen, riechen und schmecken, was Gott sich unter gelungenem Menschsein vorstellt, was er uns schenken will, und was er von uns erwartet.

Was in unseren Schulen als Nebenfach gilt, wird in der Gottes-Schule zum Hauptfach – Heimatkunde z. B.: Wir lernen, wo wir hingehören, wo wir wirklich zuhause sind, wo unsere Heimat ist. In der Welt, aber nicht von der Welt sein – so umschreibt der Evangelist Johannes die Existenz eines Menschen, der in Gott seinen letzten Halt hat.

Auch die Biologie zählt zu den Hauptfächern: Wir erfahren, was Leben heißt – wahres, echtes, erfülltes Leben. Wir hören in Geschichten und Gleichnissen, wie unser Leben gelingen oder misslingen kann. Wir bekommen Orientierung für unseren Lebensweg und werden ermutigt, im Lauf unseres Lebens all die Talente zu entfalten, die Gott uns mitgegeben hat.

In Sprachkunde stehen wichtige Lektionen auf dem Lehrplan: Wie finde ich die richtige Sprache, die helfenden und tröstenden Worte, die Schlüsselsätze, die schwierige Situationen entkrampfen und eine neue Perspektive eröffnen?

Und in Handarbeit geht es darum, sensibel zu werden für die Augenblicke, in denen unsere Hände gebraucht werden, unsere zupackenden und stützenden, unsere zur Versöhnung ausgestreckten Hände.

Mindestens genauso wichtig wie die Schulstunden sind in der Gottes-Schule die Hausaufgaben: Was wir hören und lernen, muss zuhause, in unserer gewohnten Umgebung, im Alltag nachbereitet, vertieft und erprobt werden. Zuhause zeigt sich, ob wir die Lektionen verstanden haben.

Wir haben auch Klassenkameraden in unserer Gottes-Schule – die uns einsagen, wenn wir nicht mehr weiterwissen; die uns den Lernstoff noch einmal erklären, und die uns bei den Hausaufgaben helfen. Unsere Gemeinden, unsere Gruppen und Kreise, unsere Orden und Verbände könnten die Klassengemeinschaften sein, die uns durch die Gottes-Schule begleiten.

Aber auch in dieser Schule sind wir vor der Gefahr des Sitzenbleibens nicht gefeit: Unbeweglich und stur werden; sich von Gottes Wort nicht mehr herausfordern und anregen lassen: das kann für Gottes-Schüler das Klassen-Ziel in weite Ferne rücken.

Allerdings gibt es einen einzigartigen Nachhilfelehrer, der uns wieder auf Vordermann bringt; der uns hilft, die oft nicht ganz einfachen Lektionen Gottes zu begreifen; der uns auf die Tests und Prüfungen unseres Lebens vorbereitet: Jesus, der selber ein hervorragender Schüler Gottes war, und der uns nicht in erster Linie durch Worte, sondern vor allem durch sein Beispiel die Lehre Gottes nahebringt.

»Und alle werden Schüler Gottes sein« – so hofft Jesus wie einige Jahrhunderte vor ihm schon der Prophet Jesaja. Ich wünsche uns und unserer Kirche, dass wir so begeistert von unserer Gottes-Schule erzählen können, dass andere gerne unsere Mitschüler werden – nicht aufgrund irgendeiner Schulpflicht, sondern aus Interesse. Dass unsere Schulstunden und Hausaufgaben so spannend und anregend werden, dass niemand zu den ›Lümmeln von der letzten Bank‹ gehören will. Und dass immer weniger auf die Idee kommen, diese Schule zu schwänzen.

### Kopf-Hörer, Herz-Schritt-Macher und Hand-Werker
*(Den Glauben lernen II)*

»Schreib dir das hinter die Ohren!« – sagt man, wenn der andere sich etwas besonders gut merken soll. Unsere Vorfahren nahmen, wenn sie Grundstücksgrenzen festlegen wollten, Buben als Zeugen mit, zogen sie an den Ohren und gaben ihnen Ohrfeigen. So wollte man sicherstellen, dass die Knaben sich auch noch im hohen Alter an den genauen Grenzverlauf erinnern konnten. Die Absprachen wurden ihnen buchstäblich ›hinter die Ohren geschrieben‹. Ein vielleicht wirkungsvolles, aber doch etwas seltsames Lernprogramm.

Ein weitaus sympathischeres Lernkonzept für die Gebote Gottes stellt Mose den Israeliten vor: »Diese meine Worte sollt ihr auf euer Herz und auf eure Seele schreiben. Ihr sollt sie als Zeichen um das Handgelenk binden. Sie sollen zum Schmuck auf eurer Stirn werden« *(Dtn 11,18)*.

Nicht durch Ohrfeigen will Mose dem Volk Israel die Gebote nahe bringen – durch ein dreistufiges Lernprogramm soll es mit diesen wichtigen Worten vertraut werden. Mit einer geradezu modernen Pädagogik, mit einer – so würden wir heute sagen – ›ganzheitlichen‹ Methode will Mose erreichen, dass das Wort Gottes seinem Volk in Fleisch und Blut übergeht: Kopf, Herz und Hand werden angesprochen; das Denken, das Fühlen und das Handeln ist an diesem Lernprozess beteiligt.

Die Israeliten haben den Vorschlag des Mose ernst genommen: eine Brosche an ihrem Turban sollte zeigen, dass das Wort Gottes tatsächlich zum Schmuck auf ihrer Stirn geworden war. Ein Armreif mit dem Zeichen Jahwes sollte deutlich machen, dass Gottes Gebot – um ihr Handgelenk gebunden – tatsächlich ihr Handeln bestimmte. Später haben sie diesen Brauch leicht verändert: Wichtige Worte der Bibel wurden auf Pergamentstreifen geschrieben und in Kapseln gesteckt. Zum täglichen Gebet befestigte man dann eine solche Kapsel mit einem Gebetsriemen auf der Stirn, eine andere Kapsel am linken Oberarm – genau gegenüber dem Herzen.

Das Wort Gottes in den Kopf, ins Herz und in die Hand bekommen; es ins Denken, Fühlen und Handeln einfließen lassen: diesem Lernprogramm fühlt sich das Volk Israel verpflichtet. Wäre das nicht auch ein sympathisches und interessantes Programm für alle, die bewusst Christ sein wollen, die tiefer in ihren Glauben hineinfinden möchten?

Glauben lernen würde dann zunächst einmal heißen: ›Kopf-Hörer‹ werden. Mit dem Kopf das Evangelium hören – mit wachem Verstand, aufmerksam und kritisch; neugierig sein und wissen wollen, wie die Worte Jesu zu verstehen sind; nachdenken, diskutieren und Argumente finden, warum ein Leben im Sinn Jesu ein erfülltes Leben sein kann.

Glauben lernen würde dann auch heißen: ›Herz-Schritt-Macher‹ werden. Die Schritte, die wir auf unserem Lebensweg machen, vom Herzen lenken lassen; sich einfühlen in die Situation des anderen und dann herzlich auf ihn zugehen; sich die Worte Jesu unter die Haut gehen lassen, seine Geschichten be-herzigen und sich von ihnen anrühren und bewegen lassen.

Glauben lernen würde schließlich heißen: ›Hand-Werker‹ werden. Mit unseren Händen wirken und arbeiten für das, was wir als wertvoll und richtig erkannt und erspürt haben; zupacken, wo unsere Hilfe gebraucht wird; anderen unsere Hände zur Stütze und zur Begleitung anbieten; durch die Praxis, und nicht nur durch Worte zeigen, dass wir Christ sein möchten – so wie es eine Grundregel der Gemeinschaft von Gnadenthal wünscht: »Rede von Christus nur, wenn du gefragt wirst – aber lebe so, dass man dich fragt!«

Glauben lernen über Kopf, Herz und Hand – wer das versucht, der ist wie ein Mann, der sein Haus nicht auf Sand, sondern auf Fels baut ... *(Mt 7,24).*


### Alles andere als ›Peanuts‹!
*(Unausgesprochene Fragen aufspüren)*

Von den vielen ›Peanuts‹-Karikaturen, die ich gesehen habe, ist mir eine besonders gut in Erinnerung geblieben. Sie besteht nur aus zwei kleinen Bildern: Das erste zeigt den Jungen Linus. Stolz und selbstbewusst hält er ein Schild in die Höhe. Die Aufschrift lautet: »Christus ist die Antwort.« Im zweiten Bild taucht der kleine, freche Hund Snoopy auf. Auch er trägt ein Schild, das er etwas provozierend dem Jungen entgegenstreckt. »Und was war die Frage?« steht darauf.

Prägnanter kann man kaum zusammenfassen, was viele der Kirche heute vorwerfen: Ihre Botschaft geht an den Alltagsfragen der Menschen vorbei. Die Kirche gibt

Antworten auf Fragen, die niemand gestellt hat. Sie wiederholt alte Glaubenssätze, obwohl die meisten sie nicht mehr verstehen. Aber besser als mit dieser Karikatur kann man auch kaum beschreiben, was die Aufgabe der Kirche heute wäre: Die oft unausgesprochenen Fragen und Sehnsüchte unserer Zeit aufspüren. Deutlich machen, dass diese Fragen sehr wohl etwas mit dem christlichen Glauben zu tun haben. Neue Antwortversuche riskieren, die erkennen lassen, dass der heutige Mensch mit seinen Bedürfnissen und Hoffnungen ernst genommen wird.

Viele leiden beispielsweise darunter, dass unsere Gesellschaft immer mehr von Egoismus geprägt ist und vom Bestreben, das eigene Schäfchen ins Trockene zu bringen. Dahinter steht unausgesprochen die Frage nach Mitmenschlichkeit, nach Solidarität. Könnte nicht der Blick auf das Leben Jesu hier neue Perspektiven eröffnen?

Viele haben Angst, dass Aggressivität und Gewaltbereitschaft weiter zunehmen. Dahinter verbirgt sich die Sehnsucht nach Harmonie und Frieden. Könnte nicht die Friedensbotschaft Jesu eine Neuorientierung einleiten?

Viele sind unzufrieden damit, dass ihr Leben immer stärker von Stress und Hektik geprägt ist. In dieser Unzufriedenheit meldet sich die Hoffnung auf Gelassenheit zu Wort und der Wunsch, nicht nur an der eigenen Leistung gemessen zu werden. Könnte es nicht ein heilsames Gegenmittel sein, am Gottvertrauen Jesu Maß zu nehmen?

Vielen geht auf, dass Geld und Besitz allein nicht glücklich machen. Mit dieser Erkenntnis ist die Frage verbunden, wie denn ein wertvolles und erfülltes Leben aussehen müsste. Könnte nicht eine Antwort auf diese Frage sein, sich die Ideen und Anliegen Jesu zu eigen zu machen?

Also: Hoffen wir auf viele Snoopys, die sich nicht mit leeren Glaubensformeln und stereotypen Antworten zufrieden geben! Lassen wir uns von ›frechen Hunden‹ ruhig dazu herausfordern, die Unsicherheiten und Fragen der Menschen aufzuspüren. Denn die Antworten, die der christliche Glaube anzubieten hat, sind alles andere als ›Peanuts‹ ...

**Beten ist ...**
*(Das Gespräch mit Gott suchen)*

»In jener Zeit sagte Jesus zu seinen Jüngern durch ein Gleichnis, dass sie allezeit beten und darin nicht nachlassen sollten« *(Lk 18,1)*. Eine eindringliche Aufforderung Jesu, die zur Frage einlädt: Was ist das eigentlich – Beten? Beten ist menschlich. Das klingt banal. Aber es ist gut, sich bewusst zu machen, dass der Grund des Betens in der menschlichen Existenz liegt. »Der Mensch ist unheilbar religiös« *(Bernhard Welte)* – die Erfahrungen, die wir machen, unsere Sehnsucht, unser Schmerz, unsere Freude, unsere Hilfsbedürftigkeit, unser ganzes Leben sucht nach einer Deutung und Antwort, die nicht in uns selbst liegt. Wir sind in dieser Welt nicht ganz zu Hause, wir müssen über uns hinausfragen, hinaussuchen, hinaushoffen, uns im Unendlichen verankern. »Menschen, die beten, sind wie Männer in einem Schiff. Sie haben dieses mit einem Seil am Ufer festgemacht. Jetzt ziehen sie mit allen Kräften an dem Seil. Das Ufer bewegt sich nicht, wohl aber das Schiff. Es nähert sich der rettenden Sicherheit des Ufers« *(Dionys der Syrer)*. Beten ist: Sich Festmachen in Gott, in Jubel und Klage.
Beten ist subversiv. Das klingt eigenartig, weil wir ge-

wohnt sind, Aktion und Kontemplation, Gebet und Kampf als Gegensätze zu sehen. Aber mit dem Gebet beginnt bereits eine neue Einstellung zur Wirklichkeit, eine Rebellion gegen eingefahrene Denk- und Verhaltensmuster. Das Dankgebet wehrt sich gegen eine Mentalität, in der nur empfängt, wer vorher etwas leistet oder dafür bezahlt. Es ist Ausdruck für das Gespür, dass das meiste in unserem Leben unverdient und Geschenk Gottes ist.

Und die Klage vor Gott, das Bittgebet, ist eine Weigerung, sich mit dem Vorläufigen, dem Ungerechten abzufinden – ein Aufstand gegen Not und Unheil in unserem Leben, ein Streit mit einem Gott, der sich versagt und unsere Warum-Fragen nicht beantwortet. Beten lehnt sich auf gegen das Unbegreifliche.

Beten ist umwerfend. Das klingt paradox. Denn wenn wir Gott um etwas bitten, dann wollen wir ja ihn umwerfen, umdrehen, sein Verhalten uns gegenüber verändern – und nicht uns selbst. In Wirklichkeit aber dreht das Gebet uns selbst um. Die Psalmen zeigen, wie der Bittende allein schon durch das Aussprechen seines Gebets das Mitgefühl und die Hilfe Gottes erfährt. Was vor Gott ausgesprochen ist, kann nicht mehr im Untergrund, im Unterbewusstsein weiterwuchern. Bitten entkrampft und verhindert, dass sich unsere Not ins Unermessliche aus-wächst. Auch wenn äußerlich nichts passiert: In der Gebetsbegegnung mit Gott wächst das Vertrauen, dass er nahe ist. Auch Danken dreht uns um: es wendet uns hin auf all das, was gut und schön ist; es verändert unsere Perspektive; es hilft, nicht nur schwarzzusehen, sondern das ›Hell-Sehen‹ zu lernen – das Helle, das es in jedem Leben auch gibt. Beten in Klage und Dank kann uns selber umdrehen.

Beten ist mühsam. Das klingt wie eine Binsenweisheit, kann aber ein Trost sein für die Phasen, in denen uns das Gespräch mit Gott nicht gelingt. »Dass Gott verborgen ist, als Gegenüber, als Gesprächspartner sich dem Beter nicht zeigt, ist die Grundnot allen Betens, die niemals aufgehoben wird. Dies zu erkennen ist wichtig, damit nicht an der falschen Stelle ein schlechtes Gewissen sich einstellt« *(O. H. Pesch)*. Beten als Bitte und Lob ist lebenslanges Kommunikationstraining mit Gott und verlangt von uns immer wieder ein Überprüfen unserer Gottesvorstellungen. Beten heißt lernen und neue Zugänge zu Gott suchen. »Beten verlangt Kampf bis zum letzten Atemzug« – sagten die Wüstenväter.

## Die Eintrittskarte
*(Not wenden)*

Das könnte Stoff für eine spannende Geschichte sein: Eine Eintrittskarte, über deren Besitz in einem Gerichtsverfahren entschieden werden muss.

Ein Richter, der gegen sämtliche Regeln und guten Sitten verstößt: Zum einen hat er eine bewegte Vergangenheit hinter sich – selbst schon im Gefängnis gesessen, wohnsitzlos, krank, am Rande des Existenzminimums. Zum anderen macht er keinen Hehl aus seiner Parteilichkeit, und schließlich streicht er das Gesetzbuch, das dem Verfahren zugrunde liegen soll, auf einen einzigen Paragraphen zusammen. Einige Täter, die sich an nichts erinnern können.

Vor knapp 2000 Jahren hat einer mit diesem Stoff ein spannendes Kapitel seines Buches geschrieben: Es muss entschieden werden, wem die Eintrittskarte ins Reich Gottes zusteht: Der Richter erzählt seine Lebensgeschichte und sagt:»Ich war im Gefängnis, und ihr seid zu mir gekommen; ich war fremd und obdachlos, und ihr habt mich aufgenommen; ich war krank, und ihr habt mich besucht; ich war hungrig, und ihr habt mir zu essen gegeben.« Da die ›Täter‹ sich an nichts erinnern können, hilft er ihnen auf die Sprünge:»Was ihr für einen meiner geringsten Brüder getan habt, das habt ihr mir getan.« Das einzige Kriterium, das über die Zuteilung der Eintrittskarte entscheidet, heißt praktizierte Menschlichkeit, absichtslose Nächstenliebe, Dasein für andere.

Dieser Stoff könnte auch meine eigene Lebensgeschichte spannend machen. Wissen, dass nicht Taufschein, Gottesdienstbesuch, korrektes Befolgen vieler Gebote zählt, sondern nur das jetzt Not-wendige und Not-wendende, das ich versuche.

Davon ausgehen, dass ich meinem Richter jeden Tag begegnen kann, und dass er sich mit Vorliebe mit den Opfern der Geschichte identifiziert. Ein Gespür dafür entwickeln, wo meine Hilfe gebraucht wird.

Christsein muss also beileibe keine langweilige Angelegenheit sein. Und ein Trost bleibt mir immer: Egal, wie die Entscheidung über meine Eintrittskarte heute ausfallen würde – ich habe jeden Tag eine neue Chance, das Urteil revidieren zu lassen.

## Das Lied vom Liebeskummer Gottes
*(Sich provozieren lassen)*

Stellen Sie Sich einmal folgende Situation vor: Sie stehen in einer kleinen Gruppe. Einer ergreift das Wort, alle anderen hören zu. Er kann packend erzählen, er spricht aus, was Sie und die anderen denken, er nennt Missstände bei

Namen. Manche nicken beifällig. Und dann kommt Ihnen plötzlich der Gedanke: Was der sagt, gilt ja mir. Wenn ich diesem Menschen bisher voll zugestimmt habe, muss sich bei mir etwas ändern. Dann kann ich nicht mehr so weiterleben wie bisher.

Genau so plastisch müssen wir uns die Situation vorstellen, in die hinein Jesaja sein Lied singt *(Jes 5,1–7)*: Weinlesefest in Jerusalem, es wird fröhlich gefeiert, man sitzt in Gruppen beieinander, der Prophet nimmt seine Harfe. Er besingt einen Weinberg, der eifrig gepflegt wird und doch nur saure Beeren bringt. Die Zuhörer merken schnell, dass Jesaja ein Liebeslied angestimmt hat – die erfolglose Arbeit im Weinberg umschreibt die enttäuschte Liebe eines Bräutigams, der nur Untreue und Ablehnung von seiner Braut erfährt. So eine Geschichte hört man gern, man ist gespannt, wie sie ausgeht. Der Sänger fragt noch in die Runde, was man mit einem solchen Weinberg machen soll – und die Festgesellschaft ist sich einig, dass man ihn aufgeben muss. Und plötzlich vergeht allen das Lachen: Sie entdecken den tieferen Sinn dieses Liedes: Gott ist der Bräutigam, der Weinbergbesitzer, und das Volk Israel ist der unfruchtbare Weinberg, die untreue Braut. Die fröhliche Unterhaltung wird mit einem Schlag zur Gerichtsszene. Alle, die das Urteil über den Weinberg mitgesprochen haben, haben sich selbst verurteilt, denn alle gehören sie zu diesem Volk, das von Gott abfällt, und das sich nicht um Gerechtigkeit und Fürsorge für die Armen kümmert. Der Prophet nimmt seine Harfe und lässt eine betroffene Runde zurück.

Jesaja hat das Lied vom Liebeskummer Gottes gesungen. Er hat seine Zuhörerinnen und Zuhörer in eine spannende Liebesgeschichte hineingezogen, an deren Ende sie entdecken müssen: Wir selbst sind die Undankbaren, um die Gott vergeblich wirbt. Unser Verhalten entspricht nicht der Liebe, die Gott uns entgegenbringt.

Das Lied vom Liebeskummer Gottes – auch Jesus singt es vor den Hohenpriestern und Pharisäern *(Mt 21,33–44)*: Er spricht von bösen Winzern, die ihrem Gutsbesitzer nicht den vereinbarten Anteil an den Früchten abliefern, die seine Knechte töten und sich in den Besitz des Weinberge bringen wollen. In dem Moment, in dem die Zuhörer das Urteil über die Pächter sprechen, müssen sie entdecken: »Das sind ja wir. Wir bringen nicht die Früchte, die Gott von uns erwartet.«

Damit das Lied vom Liebeskummer Gottes nicht in Vergessenheit gerät, müssen auch heute Propheten auftreten, die es anstimmen; die uns die Augen öffnen für unsere Situation vor Gott – nicht mit Drohungen und erhobenem Zeigefinger, sondern durch packende Geschichten, die uns zu einer Stellungnahme provozieren. Ich weiß:

Ich brauche Propheten, die mir das Lied von der phantasievollen Liebe Gottes singen: das Lied, das in mir plötzlich die Frage wachruft: Warum habe ich so große Angst vor Veränderungen? Warum wage ich so wenige Schritte, um meinen Glauben, meine Gemeinde, meine Kirche mit neuem Leben zu erfüllen?

Ich brauche Propheten, die mir das Lied von der verzeihenden Liebe Gottes singen: das Lied, das mich mit meinen kleinlichen Denkmustern, mit meiner Unversöhnlichkeit und mit meinen Vorurteilen konfrontiert.

Ich brauche Propheten, die mir das Lied von der mitreißenden Liebe Gottes singen: das Lied, das mich plötzlich erkennen lässt, dass ich mich schon zu lange mit einem freudlosen, langweiligen Christsein zufrieden gebe, dass ich mich mit dem Erfüllen religiöser Pflichten begnüge.

Vielleicht gelingt es mir dann selbst ab und zu, dieses Lied nachzusingen, andere mit dieser Melodie neugierig zu machen. Vielleicht kann ich dann selbst hin und wieder Prophet sein und so von der Liebe Gottes erzählen, dass andere nachdenklich werden und fragen: Wie könnte denn meine Antwort auf das Wort ausfallen, mit dem Gott um mich wirbt?

Stellen Sie Sich das einmal vor: Christinnen und Christen, die das Lied vom Liebeskummer Gottes so füreinander singen, dass es zu Herzen geht, dass unsere Gemeinden zu Weinbergen werden, an denen der Besitzer seine Freude haben kann.

## Riese und Zwerg
*(Durchblicken)*

»Der Mensch – das Maß aller Dinge? Wie bequem! Einmal wird mit dem Riesen, ein anderes Mal mit dem Zwerg gemessen.« Unfrisierte Gedanken – so nennt der polnische Satiriker Stanislaw Jerzy Lec seine knappen, aber treffsicheren Beschreibungen menschlicher Schwächen, seine Spitzen gegen die kleinen und großen Ungerechtigkeiten des Lebens.

Wenn wir den Mut haben, selbst einmal unfrisiert und ungeschminkt in den Spiegel zu schauen, den er uns vors Gesicht hält, dann werden wir ihm wohl recht geben müssen: Wir Menschen sind nicht eindeutig. Wir messen oft mit zweierlei Maß, wenn wir uns und unsere Mitmenschen beurteilen und einschätzen.

Im einen Fall legen wir den Zwerg an, da sind wir

kleinlich und kleinkariert, da entdecken wir auch die kleinste Ungereimtheit, da machen wir den anderen nieder – im wahrsten Sinn des Wortes. Im anderen Fall – meist bei uns selbst – messen wir mit dem Riesen, da sind wir großzügig und geduldig, da finden wir für alles eine Entschuldigung, da drücken wir beide Augen zu.

Gibt es überhaupt einen Maßstab, der nicht von unserer Lust und Laune, von Sympathie und Antipathie abhängt? Gibt es einen Maßstab, der jedem Menschen gerecht wird, der über das oberflächliche Augen-Maß hinausgeht?

Der Apostel Paulus scheint einen solchen gefunden zu haben, wenn er seiner Gemeinde in Korinth empfiehlt: »Also schätzen wir von jetzt an niemand mehr nur nach menschlichen Maßstäben ein.« Paulus ist gegen seinen Willen mit einem in Berührung gekommen, der alle vordergründigen menschlichen Maßstäbe auf den Kopf gestellt hat, der nicht auf die Größe geschaut hat, sondern in die Tiefe, der bei seinen Mitmenschen durch-geblickt hat, bis auf den Grund ihres Herzens. Und der dann hinter dem Zwerg schon den Riesen sehen konnte, hinter dem kleinen Senfkorn schon den großen Baum, hinter dem verachteten Menschen das Geschöpf Gottes, hinter der abstoßenden Fassade die guten Anlagen.

Wenn dieser eine auch für uns maß-gebend würde? Wie unbequem! Wir müssten Riesen und Zwerge vergessen und uns auf die Suche nach dem Guten machen – auch dort, wo wir es nicht vermuten.

## Mein Freund ZETT
*(Kritisch und großzügig bleiben)*

Herr ZETT ist mir in den letzten Jahren ans Herz gewachsen, obwohl es ihn eigentlich gar nicht gibt. Der Schriftsteller Kurtmartin Magiera hat ihn erfunden – aber die kleinen Geschichten aus seinem Leben, seine überraschenden Einfälle und seine direkte Art haben mich so fasziniert, dass ich mich langsam mit diesem Herrn angefreundet habe.

Einmal soll er etwas ganz Verrücktes getan haben: »Eines Tages brachte Herr ZETT einen Koffer voll kleiner Hämmer mit in die Kirche, wo er sie kostenlos anstatt der üblichen Kerzen verteilte. Zum Abklopfen der Fassade! klärte er die Neugierigen auf.« Eine Provokation, aber eine heilsame. Mein Freund ZETT stellt mich vor die Frage: Ist dein Glaube echt? Hält der Inhalt deines Glaubensgebäudes, was die Fassade verspricht? Sind die Worte, die du im Gottesdienst hörst oder sprichst, durch deine Überzeugungen und Taten gedeckt? Er gibt keine Anweisungen, was ich im Einzelnen tun soll. Er sagt nur: Prüfe einmal, ob du das, was du sagst, auch wirklich meinst. Ob hinter den großen Worten wie Gemeinschaft, Dienst oder Nächstenliebe auch eine Lebenspraxis steht: Kennst du die anderen? Begrüßt du sie, wenn ihr euch in der Kirche trefft? Weißt du, worunter sie leiden oder woran sie sich freuen? ZETT ist kein harmloser Zeitgenosse. Er will mich aufrütteln und weiterbringen: Nur wer sein Christsein überprüft und beim Abklopfen der Fassade nicht weghört, wenn es hohl und leer klingt, findet zu einem echten und überzeugenden Glaubensleben.

»Ich lasse mich gern überzeugen – sagte Herr ZETT. Es muss ja nicht unbedingt nur durch Worte sein.« Nicht nur durch Worte überzeugt werden – das will auch Jesus, wenn er den Schriftgelehrten auf den Zahn fühlt. Er möchte nicht einen ganzen Berufsstand schlecht machen, sondern nur die ›Verpackungs-Künstler‹ unter ihnen entlarven: alle, die versuchen, hinter langen Gewändern und Gebeten ihren Geltungsdrang und ihre Habsucht zu verbergen. Er gibt sich nicht mit schönen Worten zufrieden *(Mk 12,38–40)*.

Herr ZETT ist aber nicht nur ein kritischer, sondern auch eine großzügiger Mensch. Sein Erfinder schreibt über ihn: »Obwohl Herr ZETT mit irdischen Gütern nicht gerade gesegnet war, war er jederzeit ein spendabler Schenker. Er gab sich selbst.« Auch damit bringt mein Freund mich zum Nachdenken: Bist du eigentlich ganz drin in dem, was du anderen schenkst? Gibst du ihnen den kleinen Finger und hast schon Angst, sie könnten die ganze Hand wollen? Ein waches Auge, ein offenes Ohr, ein verstehendes Herz – meine ganze Aufmerksamkeit soll ich für andere übrig haben. »Ich habe dir nichts mitgebracht« sagte vor kurzem ein viel beschäftigter Bekannter zu mir – »ich schenke dir einen halben Tag mit mir, an dem wir uns wieder einmal richtig unterhalten können.« Sicher ein Geschenk im Sinn meines Herrn ZETT – und im Sinn Jesu, wenn er von der armen Witwe erzählt *(Mk 12,41–44)*: Nicht die zwei Cent, die sie in den Opferkasten wirft, sind entscheidend, sondern die Tatsache, dass sie ihre ganze Existenz, sich selbst aufs Spiel setzt und damit ihr Vertrauen auf Gott beweist.

Vielleicht ist Ihnen der kritische und spendable Herr ZETT inzwischen etwas unheimlich geworden. Dann ist es gut, sich eine letzte Episode aus seinem Leben anzuschauen. Er wurde einmal gefragt: »Herr ZETT, sind sie auf Veränderungen aus? Aber ja, antwortete er. Auf meine.« Mein Freund ZETT ist Realist genug, um zu wissen, dass das Hineinwachsen in den Lebensentwurf Jesu eine lebenslange Aufgabe bleibt. Das Wissen um die eigene Begrenztheit und Vorläufigkeit, um die Notwendigkeit der Umkehr und des Neuanfangs – das kann ich von meinem Freund lernen. Und dass er bei sich selbst anfängt, macht ihn mir so sympathisch.

Ich bin froh, dass es ihn gibt – dass er mich provoziert, die Fassade meines Glaubensgebäudes abzuklopfen, und dass er mir zeigt, was echtes Schenken sein kann. Von ihm will ich mich – so unangenehm es manchmal ist – zu einer ehrlichen christlichen Lebensgestaltung führen lassen. Und Ihnen wünsche ich auch einen solchen Menschen. Vielleicht ist er doch nicht nur Erfindung eines Schriftstellers. Vielleicht gibt es ihn ganz in Ihrer Nähe, und Sie haben ihn einfach noch nicht kennen gelernt ...

### Wer hören will, muss fühlen ...
*(Sich von Jesus berühren lassen)*

Aus dem Geschichtsunterricht ist mir eine Episode besonders gut in Erinnerung geblieben – das grausame Experiment, das Kaiser Friedrich II. vor über 750 Jahren durchführen ließ: Er wollte die Ur-Sprache entdecken, die seiner Meinung nach vor der Aufsplitterung in viele Völker und Sprachen alle Menschen miteinander verbunden hatte. Dazu trennte er einige neugeborene Kinder von ihren Müttern und gab ihnen Ammen. Er verbot den Ammen jedoch, mit den Kindern zu reden. Auf diese Weise – dachte der Kaiser – würden die Kinder von sich aus zu sprechen beginnen, und man könnte herausfinden, welches die Ur-Sprache gewesen sei. Aber das Experiment nahm ein tragisches Ende: alle Kinder blieben sprachlos und starben. Nicht, weil es ihnen an Nahrung und Pflege gefehlt hätte, sondern weil sie keine freundliche Stimme hörten, weil sie keine Ansprache hatten, keinen Menschen, der ›Du‹ zu ihnen sagte, der sie Liebe und Zuwendung spüren ließ.

Wer reden will, muss hören – das verdeutlicht uns diese traurige Geschichte. Wer nicht angesprochen wird, wer keine guten und ermutigenden Worte hört, wer auf eine Wand des Schweigens stößt, der wird selbst sprachlos, der verstummt.

Und wer hören will, muss fühlen – so könnten wir in Abwandlung eines bekannten Sprichworts ergänzen. Wer nicht fühlt, dass er angenommen wird, wer kein Wohlwollen und Entgegenkommen spürt, wer sich nicht vom Vertrauen des anderen getragen weiß, dem können Hören und Sehen vergehen, der macht dicht, der wird taub.

Jesus kennt diese Zusammenhänge. Deshalb lässt er den Taubstummen seine Nähe spüren *(Mk 7,31–37)*. Er nimmt ihn beiseite. Er berührt ihn. Er tastet sich im wahrsten Sinn des Wortes an ihn heran. Und er gibt ihm das Gefühl: Du bist mir wichtig. Ich habe Zeit für dich. Der Taubstumme fühlt die Zuneigung, die Zuwendung Jesu. Deshalb hört er das ›Schlüsselwort‹, mit dem er von seiner Verschlossenheit erlöst wird. »Effata«, sagt Jesus, »Öffne dich« – und er meint damit nicht die Organe, sondern den ganzen Menschen. »Öffne dich mir und dem, der durch mich spricht und handelt; dem Gott, der dich aus deiner Taubheit und Sprachlosigkeit befreit, der dein Heil will.« Der Taubstumme hört die Einladung Jesu. Deshalb löst sich seine Zunge, und er kann richtig reden.

Wir alle bekommen diese Einladung Jesu mit auf unseren Lebens- und Glaubensweg. Bei der Feier der Taufe werden jedem Täufling Ohren und Mund berührt, verbunden mit dem Wunsch: »Der Herr lasse dich heranwachsen, und wie er mit dem Ruf ›Effata‹ dem Taubstummen die Ohren und den Mund geöffnet hat, öffne er auch dir Ohren und Mund, dass du sein Wort vernimmst und den Glauben bekennst zum Heil der Menschen und zum Lobe Gottes.«

Hoffen wir, dass dieser Wunsch bei vielen in Erfüllung geht. Hoffen wir, dass es immer mehr aufmerksame Christen gibt, die hören, welche Lebensmelodie Gott ihnen zuspielt, und die ein offenes Ohr haben für die Fragen ihrer Mitmenschen; dass es immer mehr ›mündige‹ Christen gibt, die die frohe Botschaft weitersagen, die gute Worte für andere finden, die den Mund aufmachen, um gegen Unrecht zu protestieren.

Hoffen wir, dass unsere Gemeinden zu Orten der ›Gehörbildung‹ werden, in denen Menschen, die der Lärm des Alltags schwerhörig und taub gemacht hat, wieder das Hören lernen; dass unsere Gemeinden zu ›Sprachschulen‹ werden, in denen Menschen, die durch Enttäuschungen und Kränkungen stumm geworden sind, wieder das Reden lernen.

### Vielleicht bin ich doch noch zu retten
*(Loslassen)*

»Guter Meister, wenn ich dich so anrede, erinnerst du dich vielleicht an unsere Begegnung vor einigen Wochen. Du wirst dich wundern, dass ich es noch einmal wage, dich so zu nennen, wo du doch damals energisch gegen diese Anrede protestiert hast und unser Gespräch kein befriedigendes Ende nahm. Ich bin jedenfalls der reiche junge Mann, der dich nach dem Weg zu einem erfüllten Leben gefragt hat. Du hast offensichtlich gespürt, dass ich nach einem Lebensstil suche, der sich nicht im Befolgen der Gesetze erschöpft. Wie du mich angeschaut und in den Arm genommen hast, das schien mir ein Zeichen dafür zu sein, dass dir mein Schicksal nicht gleichgültig war.

Deine Aufforderung, meinen ganzen Besitz den Armen zu geben und dir nachzufolgen, hat mich jedoch völlig durcheinandergebracht. Deinen Freunden, die unser Gespräch verfolgt hatten, muss es ähnlich gegangen sein. Ich sehe noch jetzt ihre erschrockenen Mienen, und mir klingt auch noch der Satz im Ohr, den du zu ihnen gesagt hast, als ich traurig fortging: ›Wie schwer ist es für Menschen, die viel besitzen, in das Reich Gottes zu kommen.‹ Es hat eine Weile gedauert, bis ich meine Gedanken wieder ordnen konnte, aber inzwischen habe ich erkannt, welche neuen Perspektiven sich durch die Begegnung mit dir in meinem Leben auftun. Dafür möchte ich danken.

Ich danke dir für deine Zumutung, auf meinen Besitz zu verzichten. Sie hat mir die Augen dafür geöffnet, wie eng bei mir Haben und Mehr-haben-wollen beieinander liegen, wie klein der Schritt vom Besitzen zum Besessensein ist. Deine Provokation hat mir geholfen, meine versteckte Sattheit und Selbstzufriedenheit zu durchschauen.

Ich danke dir für die Einladung in deine Gemeinschaft. Sie hat mich, auch wenn ich sie nicht sofort angenommen habe, neugierig gemacht, und ich ahne, dass ihr euch miteinander um die Lebensziele und -inhalte bemüht, die auch mir wichtig sind.

Schließlich bedanke ich mich ganz besonders für die Freiheit, mit der du mich hast weggehen lassen. Hättest du mir gedroht, mich verurteilt oder verspottet, dann hätte ich heute vielleicht meine Ruhe und wüsste, dass dein Weg nicht meiner sein kann. Gerade die Freiheit, die du mir gelassen hast, ist es, die mich nicht mehr loslässt.

Ich bin kein Mann der schnellen Entschlüsse und brauche Zeit, um das, was ich als richtig erkannt habe, auch in die Tat umzusetzen. Aber vielleicht gelingt es mir doch noch, ein sichtbares Zeichen zu setzen, dass sich meine innere Einstellung zum Besitz langsam verändert. Vielleicht finde ich doch noch einen Platz in deiner Gemeinschaft. Vielleicht bin ich doch noch zu retten...«

### ›Ganoven-Ehre‹
*(Kreativität entfalten)*

Die Geiselgangster von Berlin-Zehlendorf kamen hinter Schloss und Riegel, nachdem sie bei ihrem ›Tunnelcoup‹ 1995 zunächst eine Bank ausrauben, mit einer Millionenbeute fliehen und ein großes Polizeiaufgebot austricksen konnten.

Der Kaufhauserpresser ›Dagobert‹ wurde 1994 gefasst, nachdem er jahrelang seine Verfolger mit Raffinesse, kluger Taktik und ausgefallenen Ideen an der Nase herumgeführt hatte.

Die ›Gentlemen‹, die vor über 40 Jahren zur Kasse baten, bei London ohne Schusswaffen einen Postzug ausraubten und dabei umgerechnet über 50 Millionen Euro erbeuteten, wanderten für ihr spektakuläres Gaunerstück ins Gefängnis.

Keine Frage – sie alle verdienten eine gerechte Strafe. Schließlich haben sie Menschen bedroht und in Gefahr gebracht, erpresst und gestohlen, anderen Schaden zugefügt. Und dennoch können wir eine heimliche Bewunderung und Sympathie für sie nicht ganz unterdrücken. Ihr Einfallsreichtum, ihre gut ausgeklügelten Pläne, ihr professionelles Vorgehen machen Eindruck und üben eine gewisse Faszination aus.

Etwas von dieser Faszination ist auch zu spüren in einer Ganovengeschichte, die Jesus seinen Freunden erzählt: Ein Verwalter veruntreut das Vermögen seines Herrn. Seine Unterschlagungen werden entdeckt, und er ahnt, dass er seine Stelle verlieren wird. Statt sich in sein Schicksal zu fügen, heckt er einen raffinierten Plan aus: Er lässt die Schuldner seines Herrn kommen und erlässt ihnen eigenmächtig einen Großteil ihrer Schulden. So zieht er sie auf seine Seite und kauft sich schnell noch einige ›Amigos‹, um nach seiner Entlassung nicht völlig im Regen zu stehen. *(Lk 16,1–8)*

Mit dieser Gauner-Story verbindet Jesus einen Wunsch an seine Freunde: Wenn ihr doch auch so phantasievoll, so risikobereit wärt für meine gute Sache wie dieser Verwalter für seine eigenen Interessen! Wenn ihr euch doch auch so viel einfallen lassen würdet, um die Frohe Botschaft unter die Leute zu bringen, wie dieser Betrüger, um seine eigene Haut zu retten! Wenn ihr Kinder des Lichts euch doch auch so kreativ und entschlossen einsetzen würdet für das Reich Gottes wie dieses Schlitzohr für seine dunklen Machenschaften!

Ein Wunsch Jesu, der nichts von seiner Aktualität verloren hat: Wenn wir Christen doch zeigen könnten, dass Christsein sich nicht auf Bravsein und Liebsein reduzieren lässt! Wenn die Kirche doch wegkommen könnte von dem Image, nur aus Langweilern und Resignierten zu bestehen, die jeden Schwung verloren haben und nur noch über die Schlechtigkeit der Welt jammern! Wenn wir doch alle unsere Kräfte mobilisieren könnten, damit andere wieder neugierig werden auf die Ideen und Anliegen Jesu!

Dann könnte Jesus auch heute noch überraschend in das Leben der Menschen eingreifen – durch unsere von den ›Gentlemen‹ abgeschaute kluge Entschlossenheit.

Dann könnte er auch heute noch durch unsere ›dagobertsche‹ Geistesgegenwart manchen Suchenden Fluchtwege aus ihrem eintönigen und oberflächlichen Leben zeigen.

Dann könnte er auch heute noch durch uns hin und wieder einen ›Tunnelcoup‹ landen und Unsichere durch die dunklen Gänge ihrer Angst und Enttäuschung ins Freie führen.

### Warum nicht?
*(Von lebendigen Gemeinden träumen)*

»Du siehst Dinge, die es gibt, und fragst: Warum? – Ich träume von Dingen, die es nicht gibt, und sage: Warum nicht?« Der irische Schriftsteller G. B. Shaw ermuntert mit diesen Sätzen zu einer Lebenseinstellung, die von Zielen und Träumen ausgeht und dann erst fragt, was ihrer Verwirklichung noch im Wege steht.

Von einer neuen Kirche träumen und dann sagen: Warum nicht? – diese Lebenseinstellung erhoffe ich mir von vielen Christen heute, und meinen Traum von engagiertem Christsein und lebendiger Gemeinde habe ich in der Geschichte von der Heilung des blinden Bartimäus *(Mk 10,46–52)* entdeckt:

Zuerst fällt mir auf, dass Jesus die Stimme des blinden Bettlers hört – trotz der Menschenmenge und der vielen Leute, die den Rufer zum Schweigen bringen wollen. Er hört und bleibt stehen. Ich stelle mir einzelne Christen und Gemeinden vor, die an Jesus Maß nehmen, und frage: Warum nicht? Warum sollte es nicht immer mehr Christen geben, die sagen: Ich möchte hellhörig werden, ›Gehörbildung‹ betreiben. Ich möchte besonders auf die Rufe derer hören, über die man sich ärgert, denen man zu schweigen befiehlt. Ich will versuchen, auch denen zuzuhören, die keine Stimme haben, die einen Ansprechpartner brauchen. Unsere Gemeinden wären dann so etwas wie ›Horch-Posten‹, die das Ohr dort haben, wo die oft stummen Schreie der Not ausgestoßen werden; Orte, an denen gehört und nicht nur geredet wird, an denen auch Zwischenrufe und Zwischentöne wahrgenommen werden.

Als Zweites entdecke ich, dass Jesus den Blinden in seine Nähe holen will, und dass er anderen den Auftrag gibt, ihn zu rufen. Jesus lädt ein, und er lässt die Einladung durch andere ausrichten. Ich stelle mir einzelne Christen und Gemeinden vor, die an Jesus Maß nehmen, und frage: Warum nicht? Warum könnte es nicht immer mehr Christen geben, die zu anderen sagen: »Hab nur Mut, steh auf, er ruft dich! Lass dich von Jesus im guten Sinn pro-vozieren, herausrufen! Entdecke deine persönliche Berufung, deine Chance, ihm näher zu kommen!« Unsere Gemeinden wären dann so etwas wie ›Zubringer-Dienste‹; nicht um ihrer selbst willen da, sondern um Menschen in die Nähe Jesu zu bringen. Hier würde nicht gezwungen, sondern eingeladen, nicht ausgegrenzt, sondern integriert; hier könnte man spüren, dass Verschiedenheit der Begabungen nicht Konkurrenz, sondern Reichtum bedeutet.

Das erste Wort, das Jesus an den blinden Bartimäus richtet, ist eine Frage: »Was soll ich dir tun?« Er will wissen, was der andere von ihm erhofft. Er fragt nach. Ich stelle mir einzelne Christen und Gemeinden vor, die an Jesus Maß nehmen, und frage: Warum nicht? Warum sollte es nicht immer mehr Christen geben, die andere fragen: »Was soll ich dir tun? Was erwartest du von mir, von unserer Gemeinde, von unserer Kirche? Was fehlt dir zu einem erfüllten Leben?« Unsere Gemeinden wären dann so etwas wie ›Such-Trupps‹; Gemeinschaften, die nachfragen, was den Menschen zum Heilsein fehlt. Hier wären Leute beieinander, die nicht stereotype Antworten präsentieren, sondern Erwartungen und Sehnsüchte der Menschen aufspüren; Leute, die nicht Angebote überstülpen, sondern überlegen, was hier und jetzt not-wendig ist.

»Geh! Dein Glaube hat dir geholfen.« So reagiert Jesus auf die Bitte des Bartimäus. Er stellt keine Forderungen. Er sagt einfach: »Das Entscheidende ist schon passiert. Deine grenzenlose Hoffnung hat dich heil gemacht.« Er bestärkt den Bettler in seinem Glauben. Ich stelle mir einzelne Christen und Gemeinden vor, die an Jesus Maß nehmen, und frage: Warum nicht? Warum könnte es nicht immer mehr Christen geben, die andere in ihrem Glauben bestärken, die sagen: »Dein Glaube hat dir geholfen, mit deiner Hoffnung bist du auf dem richtigen Weg.« Unsere Gemeinden wären dann so etwas wie ›Aufbau-Kurse‹; Weggemeinschaften, in denen man sich gegenseitig aufbaut; in denen nicht nur gefordert, sondern vor allem ermutigt wird; in denen man sich ermuntert, das Brot des Glaubens zu teilen, damit keiner zum ›Eigenbrötler‹ werden muss.

»Wenn einer allein träumt«, sagt Dom Helder Camara, »ist es nur ein Traum. Aber wenn viele gemeinsam träumen, dann ist das der Beginn einer neuen Wirklichkeit.«

### Christliches Outfit
*(Haut-nahen Kontakt zu Jesus haben)*

Manchmal blitzt zwischen den oft schwierigen theologischen Gedankengängen der neutestamentlichen Briefe ein Bild auf, das neugierig macht, zum Beispiel: »Zieht den neuen Menschen an!« *(Eph 4,24)* – Dieses Bild enthält eine interessante und charmante Umschreibung für Christsein.

»Den neuen Menschen anziehen wie ein Kleid« – das wird uns schon bei der Taufe als Lebensaufgabe mitgegeben. In Jesus Christus, in seine Lebenshaltung hineinschlüpfen, sich seine Menschlichkeit zulegen, sich in seine Ideen, Worte und Taten vertiefen – das alles gehört zu einer christlichen Lebenspraxis. Drei Assoziationen sind mir zu diesem Bildwort gekommen.

Christsein heißt zum einen: haut-nahen Kontakt zu Jesus Christus haben. So intensiv, wie wir ein Kleid auf der Haut spüren, sollen wir auch die Nähe Jesu erfahren. Er soll uns berühren, seine Nähe soll uns Geborgenheit geben.

Unsere Gottesdienste könnten wir dann als ›Umkleideräume‹ verstehen: Wir dürfen den alten Menschen ablegen – wir bringen alles mit, was uns belastet. Wir lösen uns von dem, was uns im Alltag einschnürt. Und wir schlüpfen in ein neues Gewand. Wir lassen Jesus, den neuen Menschen, ganz nah an uns heran. Wir tauchen ein in eine Atmosphäre, die von seinem Geist geprägt ist, lassen uns anrühren von seinen Worten. Wenn wir die Geschichten Jesu lesen, wird uns jedesmal ein ›Maßanzug‹ hingehalten, ein Anzug, der an Jesus Maß nimmt, der uns mit seinen Maßstäben eindecken will: »Bekleidet euch mit aufrichtigem Erbarmen, mit Güte, Demut, Milde, Geduld!« – so wirbt der Kolosserbrief für diesen Maßanzug ohne Geiz-Kragen, aber dafür mit weiten Spendier-Hosen *(Kol 3,12)*.

Im Epheserbrief wird dieses Gewand noch detaillierter beschrieben. »Legt die Rüstung Gottes an ...: Gürtet euch mit Wahrheit, zieht als Panzer die Gerechtigkeit an und als Schuhe die Bereitschaft, für das Evangelium vom Frieden zu kämpfen. Vor allem greift zum Schild des Glaubens! Mit ihm könnt ihr alle feurigen Geschosse des Bösen auslöschen.« *(Eph 6,13–16)*.

Christsein heißt demnach auch: gerüstet sein für den alltäglichen Lebenskampf. Ausgerüstet mit Wahrheit und Gerechtigkeit, mit dem Glauben gewappnet gegen die Spitzen des Bösen – so sollen Christen ihren Lebensweg gehen.

Unsere Gemeinden könnten wir dann als ›Rüstkammern‹ sehen, in denen wir die Einzelteile dieser Kleidung finden und anprobieren dürfen, in denen wir uns zurüsten für unser Christsein im Alltag – in der Feier der Sakramente, in Glaubensgesprächen, im Engagement für Hilfsbedürftige nah und fern.

»Den neuen Menschen anziehen wie ein Kleid« – das bedeutet schließlich: mit einer attraktiven Garderobe unterwegs sein. Wir können uns sehen lassen auf dem Laufsteg der Welt mit dem Kleid, das wir angezogen haben.

Wenn wir den neuen Menschen, wenn wir Christus tragen, dann haben wir ein zeitloses Gewand, das nicht jeder Modeströmung unterworfen ist – nicht aufdringlich, aber attraktiv; strapazierfähig und variabel.

Die Bibel könnten wir dann als ›Modezeitschrift‹ betrachten, in der wir verschiedene Varianten dieses Kleids entdecken und wählen dürfen. Zum einen passt das Modell ›Güte und Demut‹ – er engagiert sich im sozialen Bereich und macht auf diese Weise andere neugierig auf die Botschaft Jesu. Einer anderen steht das Modell ›Reden und Begeistern‹ – sie zeigt Kindern und Jugendlichen in der Kommunion- oder Firmvorbereitung, wie sinnvoll ein Leben im Sinn Jesu sein kann.

»Kleider machen Leute« – sagt ein Sprichwort. Wenn wir den neuen Menschen anziehen, Christus wie ein Gewand anlegen, dann macht uns das zu Menschen, die einen hautnahen Kontakt zu Jesus Christus haben; die gerüstet sind für den alltäglichen Lebenskampf; die mit einer attraktiven Garderobe unterwegs sind – gut angezogen und anziehend zugleich. Lassen wir uns von Gott, dem etwas anderen ›Mode-Schöpfer‹ neu einkleiden – damit Christsein nicht aus der Mode kommt …

### Der Korb ruft
*(Spenden)*

Was seit Luis Trenker der Berg kann, vermag der Kollektenkorb eines schottischen Pfarrers schon lange. Der einfallsreiche Seelsorger hat in sein Spendenkörbchen ein kleines Tonbandgerät eingebaut. Und jedes Mal, wenn eine zu leichte Münze in den Korb fällt, ruft aus dem Innern die Stimme: »Na, ist das wirklich alles?«

Der Korb ruft. Aber nicht nur der präparierte schottische Spendenkorb appelliert an die Spendenbereitschaft. Jeder Kollektenkorb, der seit fast 2.000 Jahren in der Sonntagsmesse von Hand zu Hand weitergereicht wird, ist mit der Frage unterwegs: »Bist du bereit, mich zu füllen und deinen Überfluss mit anderen zu teilen?«

Der Korb ruft. In der frühen Kirche war es üblich, zum Gottesdienst Lebensmittel mitzubringen und sie an Mitfeiernde zu verteilen. Reiche und Arme setzten sich damals an einen Tisch – und die vielen Hungrigen, die gekommen waren, sollten satt werden. Wer konnte, leistete dazu seinen Beitrag. Aus dem Brotkorb, in den der Reiche hineinlegte und der Arme herausnahm, ist das Spendenkörbchen, der Klingelbeutel geworden. Er ruft bis heute nach Solidarität mit den Armen und Zu-Kurz-Gekommenen.

Der Korb ruft. Paulus leiht ihm seine Stimme, wenn er die reiche Gemeinde in Korinth zu einer großzügigen Spende für die armen Christen in Jerusalem auffordert. Und mit seiner Bitte ruft Paulus den Korinthern ins Gedächtnis, warum das Teilen ein Markenzeichen der Christen sein soll: Wir alle sind Beschenkte und geben letztlich nur weiter, was wir selbst empfangen haben. Reich sein bedeutet deshalb, die Chance zu haben, anderen zu helfen. Jesus selbst ist dabei unser Vorbild: Er kam aus seinem Reichtum in unsere Armut, um uns reich zu machen *(2 Kor 8,7–15)*.

Der Korb ruft. Wir können uns über ihn ärgern und seine Stimme einfach überhören. Wir können uns durch ihn aber auch daran erinnern lassen, wie reich wir selbst beschenkt sind, und was wir alles mit anderen teilen können. Übrigens: Die Schweizer haben eine noch bessere Gedächtnisstütze als die Gemeinde des pfiffigen schottischen Pfarrers. Auf jedem Fünf-Franken-Stück können sie lesen: »Dominus providebit« – »Gott, der Herr, sorgt vor«. Auf jedem 100-Franken-Schein begegnet ihnen der heilige Martin, der seinen Mantel mit dem Bettler teilt. Und der 1.000-Franken-Schein konfrontiert sie mit einem Totentanzbild und mit der Erkenntnis, dass jeder Mensch irgendwann einmal seinen irdischen Besitz loslassen muss – der Reiche wie der Arme.

### Die etwas andere Harmonielehre
*(Den Akkord der Gottes-, Nächsten- und Selbstliebe zum Klingen bringen)*

Die Harmonielehre ist ein Teilgebiet der Musiktheorie und beschäftigt sich vorwiegend mit Dreiklängen – mit Dur- und Moll-Dreiklängen, die wir als harmonisch empfinden, und mit verminderten oder übermäßigen Dreiklängen, die durch das Verschieben eines Tones entstehen, die in sich nicht stabil sind, die wir als Dissonanzen hören.

Eine Harmonielehre eigener Art entdecke ich in den Worten Jesu: In ihrem Zentrum steht ein großer Dreiklang, aufgebaut aus den Tönen Gottes-, Nächsten- und Selbstliebe. Durch jede und jeden von uns soll dieser Akkord angeschlagen werden, deshalb sein Auftrag: »Du sollst den Herrn, deinen Gott, lieben mit ganzem Herzen, mit ganzer Seele und mit all deinen Gedanken.« Und: »Du sollst deinen Nächsten lieben wie dich selbst.«

Hermann Hesse nennt diesen letzten Satz »das weiseste Wort, das je gesprochen wurde«, den »Inbegriff aller Lebenskunst«. Er beschreibt aber auch sehr treffend, wie dieser harmonische Akkord durch das Verschieben eines

Tones vermindert oder übermäßig werden kann, welche Dissonanzen sich einschleichen können: »Man kann den Nächsten weniger lieben als sich selbst – dann ist man der Egoist, der Raffer, ... und man kann zwar Geld und Macht sammeln, aber kein frohes Herz haben, und die feinsten und schmackhaftesten Freuden sind einem verschlossen. Oder man kann den Nächsten mehr lieben als sich selbst – dann ist man ein armer Teufel, voll von Minderwertigkeitsgefühlen, voll Verlangen, alles zu lieben, und doch voll Plagerei gegen sich selbst und lebt in einer Hölle, die man täglich selber heizt.« Die Harmonie kann aber auch verlorengehen, wenn der dritte Ton – die Gottesliebe – zum Misston wird, wenn das Gespür für das Geschenk des Lebens auf der Strecke bleibt, wenn Beten und Danken zu kurz kommen.

Die Theorie ist einleuchtend: Ein schiefer Ton verändert den ganzen Akkord. Wer sich selbst nicht mag, kann auch andere nicht mögen und wird ständig mit dem hadern, der ihm dieses Leben zumutet. Umgekehrt gilt in der Harmonielehre Jesu aber auch: Ein guter Ton macht die Musik und sorgt für Harmonie. Wer zu sich selbst ›ja‹ sagen kann mit seinen Licht- und Schattenseiten, kann sich auch über das Gute am anderen freuen und Unzulänglichkeiten akzeptieren und wird schließlich den Weg annehmen, den Gott mit ihm gehen will.

Ob jemand sich auf dem Gebiet der Harmonielehre auskennt, zeigt sich in seinem Klavier- oder Orgelspiel. Das Bewährungsfeld der Harmonielehre Jesu ist unser Verhalten im Alltag. Deshalb: Akkordarbeiterinnen und Akkordarbeiter gesucht! Frauen und Männer, die an diesem Akkord der Gottes-, Nächsten- und Selbstliebe arbeiten und üben. Frauen und Männer, die dafür sorgen, dass der große Dreiklang Jesu in unserer Welt nicht verstummt.

## Dienst-Geheimnis
*(Sich mit Freude für andere engagieren)*

Wer ein Dienst-Geheimnis ausplaudert, bekommt in der Regel Schwierigkeiten und wird zur Rechenschaft gezogen. Der bengalische Schriftsteller Rabindranath Tagore hat jedoch ein Dienst-Geheimnis besonderer Art erfahren und es uns in einem seiner Gedichte verraten: »Ich schlief und träumte, dass das Leben nur Freude sei. Ich erwachte und sah, dass das Leben nur Dienst sei. Ich diente und sah, dass der Dienst Freude ist.«

Tagore hat eine überraschende Entdeckung gemacht: Dienst und Lebensfreude sind keine Gegensätze. Engagement für andere und Selbstverwirklichung schließen sich nicht aus. Ganz im Gegenteil: Wer glaubt, Freude, Genuss oder erfülltes Leben wären möglich ohne Rücksichtnahme, ohne Hilfsbereitschaft und Verzicht, der verschließt die Augen vor der Wirklichkeit, der schläft und träumt. Und wer den Eindruck hat, das Leben bestünde nur aus einem freudlosen Schuften für andere, aus Buckelnmüssen und Gedemütigtwerden, der hat eine entscheidende Erfahrung noch nicht gemacht: Ich komme nicht zu kurz, wenn ich für andere etwas übrig habe. Ich werde selbst glücklich und zufrieden, wenn ich durch Wort und Tat anderen eine Freude machen kann.

Wer dieses Dienst-Geheimnis kennt, wird sich immer wieder fragen: Womit kann ich dienen? Was ist meine persönliche Lebensaufgabe? Wo liegen meine Talente und Begabungen? Wie kann ich zum Gelingen des

Lebens in meiner Umgebung beitragen? Zuhören und mitfühlen – oder reden und mitreißen; einzelne in ihrer Trauer begleiten und ihren Schmerz mit aushalten – oder Gemeinschaft stiften und Gastfreundschaft pflegen; singen und musizieren – oder organisieren und zupacken: So unterschiedlich könnten die Dienstwege aussehen, auf denen wir andere und damit auch uns selbst bereichern.

Wer einen dieser Wege geht, kann vielleicht nachempfinden, was eine krebskranke Studentin kurz vor ihrem Tod aufgeschrieben hat: »Was zum Schluss zählt, ist allein die Menschlichkeit und Liebe. Strukturen, Hierarchien, Machtstreben, Titel und Eitelkeiten sind letztlich unwichtig. Und wenn du in deinem Leben nur einem Menschen eine Sekunde Freude bereitet hast, dann bist du tiefer im Leben und mehr im Leben gewesen als alle, die nach oben streben und etwas sein wollen.«

»Ich diente und sah, dass der Dienst Freude ist.« Wer zustimmen kann, sollte dieses Dienst-Geheimnis unbedingt weitererzählen...

### Gefährliche Landkarten...
*(Probieren – nicht kopieren)*

Gegen eine Geschichte könne man sich nicht zur Wehr setzen, meint Anthony de Mello, der indische Jesuit und der große Erzähler, der 1987 in New York gestorben ist. Eine Geschichte schleiche sich durch unsere Verteidigungslinien in das Herz hinein und könne gerade dann, wenn man es am wenigsten erwartet, wie eine Mine hochgehen und uns wachrütteln, ja umwandeln.

Hier ein Beispiel der Erzählkunst de Mellos: »Der Forschungsreisende war zu seinem Volk zurückgekehrt, und jeder war begierig, alles ganz genau über den Amazonas zu erfahren. Aber wie konnte er je das Gefühl in Worte fassen, das sein Herz erfüllte, als er Blumen von atemberaubender Schönheit sah und die Geräusche im nachtdunklen Wald vernahm? Wie sollte er ihnen vermitteln, wie sich sein Herz zusammenzog, wenn er die gefährliche Nähe wilder Tiere spürte oder sein Kanu über riskante Strecken des Flusses steuerte? Er sagte: ›Geht hin, und sucht es selbst herauszufinden. Persönliches Risiko und Erfahrung sind nicht zu ersetzen.‹ Um ihnen jedoch einige Anhaltspunkte zu geben, zeichnete er eine Karte des Amazonas. Sie stürzten sich auf die Karte. Sie rahmten sie und hängten sie in ihrem Rathaus auf. Jeder erhielt eine eigene Kopie. Und jeder, der eine Kopie hatte, hielt sich für einen Amazonas-Experten, denn kannte er nicht jede Krümmung und Biegung des Flusses, und wusste er nicht, wie breit und tief er war, wo die Stromschnellen sich befanden und wo die Wasserfälle? Der Forscher bereute die Karte ...« *(de Mello)*

Wachrütteln möchte Anthony de Mello mit dieser Geschichte vor allem vermeintliche Glaubensexperten – Christen, die sich schon für Jesus-Experten halten, wenn sie Katechismussätze abrufbereit haben und Glaubensformeln nachsprechen können. Wachrütteln möchte er eine Kirche, die auf ihn oft wirkt wie ein Museum mit Glaubenslandkarten, in der das Bekenntnis zu Jesus Christus nicht mehr hinführt zu einer lebendigen Begegnung mit ihm.

Umwandeln will de Mello die vermeintlichen Jesus-Experten in Jesus-Forscher – in Christen, die auf die Frage: »Für wen haltet ihr Jesus?« eine persönliche Antwort geben und von eigenen Erfahrungen erzählen können. Umwandeln will er eine Kirche, die sich mit dem Kopieren alter Glaubensformeln begnügt, in einen Such-Trupp, der die Landschaft des Evangeliums neu erkundet und keine Angst hat vor Risiken und überraschenden Entdeckungen.

Nichts gegen Landkarten, sofern sie uns neugierig machen und motivieren, eine Landschaft selbst zu erkunden. Nichts gegen die Landkarten unseres Glaubens, die alten Glaubensbekenntnisse...

### Kletter-Künstler
*(Phantasievoll Christ sein)*

Jim Collins hält sich durch Klettern fit. Kein Treppenhaus, keine Fassade ist vor ihm sicher. In jeder freien Minute erprobt er seine Kletter-Künste. Aber nicht nur den Körper, sondern auch den Geist will der begeisterte Bergsteiger auf diese Weise trainieren. Er erklärt: »Klettern gehört zu den kreativsten Dingen, die ich je getan habe: Es ist ein ununterbrochener Problemlösungsprozess. Du starrst die Felswand an und sagst dir: ›Wahrscheinlich gibt es eine Route.‹ Aber du musst sie beim Klettern erfinden.« Collins ist überzeugt, dass das Klettern auch die Kreativität in anderen Lebensbereichen schult.

Jesus hätte seine helle Freude an diesem Kletterkünstler. Denn er wünscht sich kreative und einfallsreiche Freunde; Leute, die geistig beweglich und bereit sind, auch unkonventionelle Wege zu gehen. Jesus erfindet Geschichten, die die Phantasie anregen und zum mutigen Handeln provozieren: Er erzählt von einem gerissenen Verwalter, der das Vermögen seines Herrn veruntreut. Bevor er die erwartete Kündigung erhält, lässt er die Schuldner seines Herrn zu sich kommen und fordert sie auf, die Schuldscheine zu ihren Gunsten zu fälschen. Eine clevere Idee, um nach seiner Entlassung ihre Hilfe in Anspruch nehmen zu können. Nicht die Unehrlichkeit dieses Gauners, sondern sein pfiffiger Einfall und sein entschlossenes Handeln sollen uns zu denken geben.

Mal dir aus, was aus deinem Leben werden kann! Das will Jesus uns ans Herz legen. Spiel die Wege durch, die vor dir liegen! Du hast Talente, die du entfalten und nutzen kannst. Du hast die Freiheit abzuwägen, wofür du deine Kräfte einsetzen willst. Du bist nicht darauf festgelegt, nur das zu machen, was ›man‹ immer schon gemacht hat. Lass dir etwas einfallen, wie du das Zusammenleben mit anderen gestalten möchtest! Es gibt genügend Gelegenheiten, zu trösten und Mut zu machen, Vertrauen aufzubauen und Frieden zu stiften. Du musst nicht nur um dich selber kreisen. Und überleg dir auch, wie du deine Beziehung zu Gott lebendig halten willst! Ausprobieren, welche Form des Betens und Meditierens dir gut tut; herausfinden, mit wem du über die Bibel und den Glauben reden kannst; mitplanen und mithelfen, dass Gottesdienste wirklich zu frohen Festen werden – Möglichkeiten gibt es genug. Du brauchst nicht oberflächlich in den Tag hineinzuleben.

Wenn wir Christen also auf allen Gebieten phantasievolle Menschen sein sollen, und wenn das Klettern wirklich unsere Kreativität trainiert, dann muss die Devise lauten: Kletterkünstler in die Kirchenleitungen – ausgenommen solche, die nur an ihrer eigenen Karriereleiter herumturnen – und Kletterwände an alle Kirchen, damit wir neue Wege finden, die Botschaft Jesu überzeugend zu leben und andere damit zu begeistern.

## Letzte Worte
*(Bilanz ziehen)*

»Auf der einen Seite hast du mich genug gebraten, dreh mich auf die andere, damit ich gar werde!« Das soll – einer Legende zufolge – der römische Diakon Laurentius zu dem Folterknecht gesagt haben, der ihn auf einem glühenden Rost zu Tode marterte. Spricht so jemand, der weiß, dass er in wenigen Augenblicken sterben wird? Glaubhafter klingt ein anderer Satz, den man diesem Märtyrer zuschreibt: »Ich danke dir, Herr, dass du mich für würdig befunden hast, in dein Reich einzutreten.«

Letzte Worte lassen oft ahnen, was einem Menschen im Lauf seines Lebens wichtig war; was er geglaubt, worauf er gehofft, woran er sich gehalten hat. Viele ziehen vor ihrem Tod noch einmal Bilanz und denken dankbar zurück an markante Stationen ihres Weges.

Letzte Worte können aber auch von unerfüllten Wünschen reden, von Träumen, die nicht wahr geworden sind, von Versäumnissen, die einem plötzlich bewusst werden: »Ach, ich würde gerne allen Beifall, den ich geerntet habe, hingeben, wenn ich dafür eine gute Tat mehr getan hätte«, bekannte der spanische Dichter Lope de Vega auf seinem Sterbebett.

Letzte Worte beinhalten häufig eine Bitte und einen Auftrag an die, von denen man Abschied nehmen muss: »Meine Lieben, seid gut zueinander!« – das konnte ein Familienvater gerade noch auf einen kleinen Zettel schreiben, bevor er bei einem Flugzeugabsturz ums Leben kam. Das Stückchen Papier mit diesem Vermächtnis hielt er fest umklammert, als man ihn fand.

Einen ähnlichen Wunsch überliefert uns der Evangelist Johannes, wenn er Jesus in einem Abschiedsgebet sagen lässt: »Alle sollen eins sein!« Was ihm selbst am Herzen lag, das erhoffte Jesus sich von allen, die in seinem Sinne leben wollten. Er hatte immer wieder Gemeinschaft gestiftet, Kranke berührt, Verachtete an seinen Tisch eingeladen, Reiche an ihre Verantwortung für die Armen erinnert, zu Respekt und Toleranz aufgefordert – jetzt sollten sich seine Freunde dieses Anliegen zu eigen machen.

Letzte Worte machen betroffen und nachdenklich. Sie lenken den Blick auf uns selbst und stellen uns Fragen: Welches letzte Wort würde denn zu meinem Leben passen? Für welche guten Erfahrungen und schönen Augenblicke kann ich dankbar sein? Welche Möglichkeiten habe ich bisher noch nicht genutzt, welche Talente brachliegen lassen? Was möchte ich als Vermächtnis gerne an andere weitergeben?

### Schlafen Sie gut!
*(Vertrauen und gelassen sein)*

Seid wachsam! – Diese Aufforderung begegnet uns in der Bibel auf Schritt und Tritt, und wir können sie so umschreiben: Hütet euch vor Gleichgültigkeit und Bequemlichkeit, verschlaft nicht die Chancen zu einem guten und erfüllten Leben, verschließt nicht die Augen vor Not und Unrecht, lasst im Auf und Ab des Alltags eure Beziehung zu Gott nicht einschlafen!

Schlafen Sie gut! – Dieser Wunsch findet sich so ausdrücklich zwar nicht in der Bibel, aber er lässt sich hinter manchen ihrer Geschichten und Worte entdecken. Denn nicht nur die Wachsamkeit, sondern auch der Schlaf kann Ausdruck eines tiefen Glaubens sein. Immerhin wird uns in Jesus, der seelenruhig im vom Sturm bedrohten Boot der Jünger schläft, das Bild eines Menschen gezeigt, der auf Gott vertraut und sich in seiner Hand geborgen weiß.

Schlafen Sie gut! – In einer Zeit der Hektik, Angst und Schlaflosigkeit ist dieser Wunsch alles andere als eine Floskel. Karol A. Jackowski, eine amerikanische Nonne, hält den Schlaf für das größte und beste Heilmittel. In ihren »zehn todsicheren Tipps« für »mehr Spaß am Leben« schreibt sie humorvoll: »Wenn Ängste, Sorgen und alle Formen der Unruhe auftauchen, gibt es keine größere Zuflucht als den Schlaf ... Wenn die katholische Kirche ihre Sakramente erweitern könnte, würde ich das Schlafen als Nummer acht empfehlen.« Der Schlaf als Glaubenszeichen – ein interessanter Gedanke: Ich zeige, dass ich loslassen kann, dass ich mich selbst nicht zu wichtig nehme. Ich zeige, dass ich nicht alles in der Hand und im Auge behalten muss, dass ich nicht nur auf meine eigene Leistung baue. Ich zeige, dass ich mich getragen weiß und Vertrauen habe in die Richtigkeit des Daseins. Sage mir, wie du schläfst, und ich sage dir, wie du glaubst.

Schlafen Sie gut! – In diesem Wunsch schwingt auch das Wissen mit, dass der Schlaf Erholung und neue Kraft schenkt. Von der heilenden Wirkung des Schlafes erzählt diese kleine Geschichte: Zwei Mönche hielten im Psalmengebet inne, als sie an die Stelle kamen: »Den Seinen gibt's der Herr im Schlaf.« »Bruder«, fragte der jüngere Mönch, »was bedeutet dieses Wort?« Der Erfahrenere antwortete: »Als Gott den Menschen erschaffen hatte, dass er die Erde hüte, bebaue und pflege, schenkte er ihm für seine Arbeit den Tag. Gott selber wählte sich zum Wirken die Nacht. Und seither steigt, wenn der Mensch schläft, die Seele in den Himmel und schöpft bei Gott neues Leben.«

Seien Sie also wachsam und schlafen Sie gut!

# Die klingende Musik unseres Glaubens

## Heilige, Selige und vorbildliche Christen

### Nachts im Dom ...
*(Petrus und Paulus)*

Die letzten Touristen verlassen den Dom. Die großen Portale werden geschlossen. Petrus und Paulus, die beiden Apostelfürsten, fühlen sich auf ihren Säulen endlich unbeobachtet und beginnen ein interessantes Gespräch. Belauschen wir sie dabei:

»Halt dich fest, Paulus, damit du nicht von deiner Konsole fällst! Morgen früh gebe ich meinen Schlüssel zurück. Sicher wird man wieder sagen: ›Typisch Petrus, dieser Hitzkopf!‹ Aber vielleicht kann ich mit diesem Schritt den Kräften entgegenwirken, die die Kirche in eine ›Wach- und Schließgesellschaft‹ verwandeln möchten; die durch Bewachen und Überwachen den wahren Glauben retten wollen; die aus Angst so viele Türen verschließen und jede Erneuerung verhindern.«

»Du wirst dich wundern, Petrus, auch ich trage mich mit dem Gedanken, mein Schwert zurückzugeben. Eigentlich sollte es die Menschen an mein Martyrium erinnern, aber ich kann gut verstehen, wenn sie in ihm zuerst ein Symbol der Macht sehen. Zu oft wurden Völker mit dem Schwert zum christlichen Glauben bekehrt, zu lange hat sich die Kirche mit den Starken verbündet, und auch heute noch sehe ich zuviel Unfreiheit, zu viele unbarmherzige Strukturen. Ich wünsche mir eine Kirche, die dient, und nicht eine, die herrscht und droht. Deshalb werde ich mich dir anschließen. Vielleicht versteht man unseren stummen Protest, wenn wir morgen ohne Schlüssel und Schwert dastehen.«

Da schaltet sich der Heilige Georg ins Gespräch ein: »Überleg dir das gut, Paulus! Man hat uns bewusst nahe zueinander gestellt, dich mit dem Schwert und mich mit der Lanze. Wenn du jetzt dein Schwert abgibst, komme ich mir ziemlich einsam vor mit meiner Waffe. Außerdem verzichtest du leichtfertig auf ein Symbol, das viele Aspekte deiner Predigt verdeutlicht. Deshalb bitte ich dich: Behalte dein Schwert und zeige den Leuten, dass Glaube kein harmloses Lippenbekenntnis ist, sondern manchmal im wahrsten Sinn des Wortes einschneidende Konsequenzen haben kann. Behalte dein Schwert und zeige den Leuten, dass zum Christsein auch klare und eindeutige Worte gehören; scharfe und bohrende Kritik, wo Missstände aufgedeckt werden müssen. Behalte dein Schwert und zeige den Leuten, dass Nachfolge Jesu immer auch Kampf bedeutet – gegen Unrecht und Armut, gegen Unterdrückung und Unmenschlichkeit.«

Jetzt meldet sich auch Maria zu Wort und wendet sich an Petrus: »Was Georg deinem Nachbarn Paulus geraten hat, das rate ich auch dir: Gib deinen Schlüssel nicht aus der Hand! Zeige der Kirche, dass sie – im guten Sinn – ›Wach- und Schließgesellschaft‹ sein soll, Aufwach- und Aufschließgesellschaft; dass sie wach und aufmerksam die Probleme der Zeit wahrnehmen und den Menschen Perspektiven und Lebensmöglichkeiten eröffnen soll! Gib deinen Schlüssel nicht aus der Hand! Zeige der Kirche, dass sie dazu da ist, das Himmelreich aufzuschließen – oder anders gesagt: den Suchenden und Fragenden einen Schlüssel zu erfülltem und sinnvollem Leben anzubieten. Gib deinen Schlüssel nicht aus der Hand! Zeige der Kirche, dass sie mithelfen muss, Gefängnisse zu öffnen – Gefängnisse der Vorurteile, der Ablehnung, der Schuld; Gefängnisse der Einsamkeit, der Trauer, der Resignation.«

Als am Morgen der Mesner die Portale wieder öffnet, verstummt das nächtliche Gespräch im Dom. Paulus hat sich in dieser Nacht noch einmal bekehren lassen und sein Schwert behalten. Petrus hat beschlossen, seinen Schlüssel wieder bewusst zu zeigen. Deshalb stehen die beiden unverändert auf ihren Konsolen und hoffen, dass möglichst viele Besucher zu ihnen heraufschauen und sich durch Schwert und Schlüssel zu einem eindeutigen und aufgeschlossenen Christsein anregen lassen.

## Aussteiger
*(Petrus)*

Sie hatten mit ihrem Boot das Ufer erreicht, und Petrus setzte sich abseits von seinen Freunden ins Gras. Er schloss die Augen und dachte zurück: Wie eine stürmische Fahrt über einen aufgewühlten See war sein Leben verlaufen, seit er Jesus begegnet war, hin- und hergeworfen zwischen Begeisterung und Zweifel fühlte er sich. Sein Ausstieg aus Familie und Beruf war ein Sprung ins kalte Wasser gewesen – manchmal hatte er das Gefühl, getragen zu sein, manchmal hatte er Angst, den Boden unter den Füßen zu verlieren und einzubrechen, Angst vor der eigenen Courage. Dann spürte er wieder die Hand Jesu, die ihn festhielt und aus seiner Unsicherheit herausführte. Jetzt hörte er eine vertraute Stimme:

»Du bist Petrus, der Aussteiger. Du hast dich herausrufen lassen aus den Sicherheiten deines bisherigen Lebens in das Abenteuer einer neuen Freiheit. Du hast ausprobiert, ob der Weg zu mir und mit mir ein gangbarer Weg ist – weg von der Orientierung an Macht und Besitz, hin zum Engagement für die Zu-Kurz-Gekommenen, zum Einsatz für eine menschlichere Welt. Du hast erfahren, dass man auf diesem riskanten Weg nicht untergeht, selbst wenn einem das Wasser bis zum Hals steht.

Du bist Petrus, der Aussteiger, und auf Frauen und Männer wie dich will ich meine Kirche bauen. Auf Menschen, die den Mut haben, auf andere zuzugehen und sie anzustecken mit ihrer Hoffnung und ihrem Vertrauen. Auf Menschen, die keine Angst davor haben, nasse Füße zu bekommen, wenn sie mit meiner frohen Botschaft unterwegs sind. Auf Menschen, die im Gegenwind von Enttäuschung, Krankheit und Verlust bei mir Trost und Halt finden.

Du bist Petrus, der Aussteiger, und ich wünsche dir viele Nachfolger, die etwas von deiner Risikobereitschaft und deiner Unbekümmertheit in sich tragen. Aussteiger wie du, die sich herausholen lassen aus festgefahrenen Denkmustern und immer wieder erkennen, wie sehr sie selbst noch auf der Suche sind. Aussteiger wie du, denen Unsicherheit und Zweifel nicht fremd sind, und die deshalb ein weites Herz haben für alle, die sich mühsam an mich herantasten und mich auf neuen und ungewohnten Wegen suchen. Aussteiger wie du, die sich den Wellen der Kritik und der bohrenden Fragen aussetzen und sich auf Gebiete vorwagen, in denen es noch keine fertigen Antworten gibt.«

Petrus spürte: Sein Leben würde nie mehr etwas anderes sein als ein Gang über stürmisches Wasser – gefährlich schwankend zwischen Stärke und Angst, aber immer der ausgestreckten Hand Jesu entgegen.

## Er war kein Licht
*(Jean-Marie Vianney – der Pfarrer von Ars)*

Würden Sie freiwillig zu einem Pfarrer in die Kirche gehen, der Sonntag für Sonntag einfallslose Moralpredigten hält, der sich oft verhaspelt und manchmal sogar von der Kanzel steigen muss, weil er nicht mehr weiter weiß? Würden Sie sich bei einem Seelsorger Rat holen, der für seine Weltfremdheit bekannt ist, den seine Kollegen für einen Trottel halten, und der von sich selbst sagt: »Inmitten der anderen Priester bin ich wie ein Idiot«? Ich vermute, Sie würden lebendige Gottesdienste oder einen aufgeschlossenen und klugen Seelsorger vorziehen. Was also hat die Menschen an diesem Jean-Marie Vianney, am Pfarrer von Ars, fasziniert?

Sein Gedenktag am 4. August bringt diesen rätselhaften Heiligen jedes Jahr wieder in Erinnerung: Seine Professoren meinen, er sei für den Priesterberuf völlig ungeeignet – 70 Jahre nach seinem Tod macht ihn die Kirche zum Vorbild und Patron aller Seelsorger. Sein Bischof schickt ihn in die heruntergekommene 230-Seelen-Gemeinde von Ars, weil er dort kaum noch Schaden anrichten könne – am Ende seines Lebens pilgern jährlich bis zu 100.000 Menschen in dieses Nest, um den Pfarrer des Orts zu sehen und zu hören. Seine Vorgesetzten erlauben ihm anfangs nicht, die Beichte zu hören – später warten manche Leute bis zu 70 Stunden vor seinem Beichtstuhl, um von ihm Trost und Hilfe für ihr Leben zu bekommen.

Vielleicht liegt das Geheimnis dieses Mannes in seiner

Ehrlichkeit. Er weiß um seine Beschränktheit und Hilflosigkeit und gibt offen zu: »Ich bin wie die Nullen, die nur neben den anderen Ziffern einen Wert haben.« Vielleicht liegt sein Geheimnis in der Menschlichkeit und in der Liebe, die hinter seiner Ungeschicklichkeit und seiner mangelnden intellektuellen Begabung immer wieder zum Vorschein kommen. Und vielleicht ist die Lebensgeschichte des Pfarrers von Ars ein Hoffnungszeichen für unsere Zeit, in der die Ansprüche ständig steigen, und in der Unvollkommenheiten immer weniger akzeptiert werden. Ein Hoffnungszeichen für Menschen, die Angst vor dem Versagen haben, die sich dem Druck der Perfektion und der Leistung nicht gewachsen fühlen. Ein Hoffnungszeichen für uns, weil wir gesagt bekommen: Auch einer, der kein Licht ist, kann etwas ausstrahlen. Gottes Kraft kann auch in menschlicher Schwäche und Begrenztheit zum Vorschein kommen. Es gibt noch andere Maßstäbe als Intelligenz, Können und Macht: Ehrlichkeit, Menschlichkeit und Liebe.

## Schneide den Mantel so zu, dass er dem Menschen passt!
*(Franz Xaver)*

»Schneide den Mantel so zu, dass er dem Menschen passt. Schneide nicht den Menschen zu, dass er in den Mantel passt!« *(Anthony de Mello)*. Diese Lebensweisheit, die uns ein asiatischer Christ ans Herz legt, könnte als Leitwort über dem Leben des größten Asienmissionars der Kirchengeschichte stehen.

1506 im Baskenland geboren, trifft Franz Xaver bei seinem Studium in Paris auf Ignatius von Loyola und wird Mitbegründer des Jesuitenordens. Nach seiner Priesterweihe beteiligt er sich in Rom an der Ausarbeitung der ersten Ordensregel, bevor er 1542 als Missionar und päpstlicher Legat ins portugiesische Goa (Ostindien) aufbricht. Nachdem er dort 30 000 Menschen getauft und die lau gewordenen Christen wieder zu einer überzeugenderen Glaubenspraxis geführt hat, reist er nach Japan und gründet eine christliche Gemeinde. Beim Versuch, das Evangelium nach China zu bringen, stirbt er auf einer kleinen Insel.

»Schneide den Mantel so zu, dass er dem Menschen passt. Schneide nicht den Menschen zu, dass er in den Mantel passt!« So versteht Franz Xaver seine Missionsaufgabe. Er will nicht die Menschen zurechtstutzen und sie in den Mantel des Evangeliums hineinzwängen, sondern seine Botschaft so sagen, dass die Menschen sie verstehen und annehmen können. Deshalb bereitet er seine Missionsreisen sorgfältig vor, betreibt Sprachstudien, arbeitet sich ein in die Mentalität und Geschichte der einzelnen Völker. Er passt sich dem Volk an, bei dem er gerade wirkt, zieht Eingeborene zur Missionsarbeit heran und will eine jeweils einheimische Liturgie entwickeln.

Mission ist für Franz Xaver immer auch eine persönliche Bereicherung. »Ich werde Ihnen niemals beschreiben können, was ich den Japanern verdanke: denn unser Herr gab mir um ihretwillen eine tiefe Einsicht in die Abgründe meines Innern« – schreibt er in einem Brief an Ignatius. In den fremden Kulturen sieht er nichts Bedrohliches, das überwunden werden muss, sondern eine Hilfe, den eigenen Glauben zu vertiefen und auf das Wesentliche zu konzentrieren.

Sein Tod am 3. Dezember 1552 vor der südchinesischen Küste ist symbolisch für diese Konzentration.

Franz Xaver stirbt allein: nur eine kleine Kerze, die ihm sein junger chinesischer Diener noch besorgen kann, brennt als Sterbelicht. Christus, das Licht, das die Völker erleuchtet – das ist seine Wahrheit, die er den Menschen hinhält wie einen Mantel, in den sie schlüpfen können *(Max Frisch).*

Franz Xaver, der Missionar – auch ein Vorbild für die Glaubensweitergabe im Kleinen. »Schneide den Mantel so zu, dass er dem Menschen passt. Schneide nicht den Menschen zu, dass er in den Mantel passt!«

**Verborgene Gewänder**
*(Thomas Morus)*

Ein bescheidener Hirte – so erzählt die Legende – nahm nachts einen verirrten Reiter bei sich auf. Es war der König, der sich aber zunächst nicht zu erkennen gab. Da ihn die Weisheit des einfachen Hirten beeindruckte, machte er ihn zu seinem Berater. Der Hirte war erfolgreich und gewöhnte sich schnell an das Leben am Hof, blieb aber immer der bescheidene und weise Berater. Einige Neider jedoch verleumdeten ihn beim König und sagten: »Er will selbst die Macht ergreifen. Jeden Tag verschwindet er in einer Kammer und bleibt dort eine Stunde. Was kann er da anderes tun, als auf Umsturz zu sinnen?« Der König war bestürzt und stellte den Hirten zur Rede. »Lass mich den Raum sehen, in dem du soviel Zeit verbringst« – herrschte er ihn an. Zögernd öffnete der Hirte die Tür. Der Raum war leer. Nur an der Wand hing ein altes, verstaubtes Gewand. »Ich komme jeden Tag für eine Stunde hierher und betrachte dieses Gewand, um mir immer vor

Augen zu führen, was ich einmal war und woher ich komme.«

Am 22. Juni feiert die Kirche den Gedenktag eines Mannes, der sich ganz ähnlich verhalten hat wie der Hirte in dieser Legende. Thomas Morus, 1478 in London geboren und unter König Heinrich VIII. als Lordkanzler ins höchste Staatsamt aufgestiegen, trug unter seiner Robe immer ein härenes Hemd. Nur seine Tochter und sein Beichtvater wussten davon.

Dieses Gewand sollte ihn täglich an die Kartäuser-Mönche erinnern, bei denen er vier Jahre lang gelebt hatte, und bei denen sein Glaube und die Grundzüge seines Charakters gereift waren: Gerechtigkeit, Geradlinigkeit und Bescheidenheit. Dieses Gewand sollte ihn davor bewahren, in das Intrigenspiel des Königs einzusteigen und zum charakterlosen Höfling zu werden. Es sollte ihn warnen vor Überheblichkeit und Machtgier, und es sollte ihm helfen, das Gebet nicht zu vergessen. Als er aus Gewissensgründen einen Eid nicht schwören konnte, den der König von ihm verlangte, wurde er zum Tode verurteilt und 1535 enthauptet.

Wir brauchen nicht unbedingt ein Zimmer mit einem alten Gewand, das uns an unsere Herkunft und unsere Ideale erinnert. Es genügt schon eine kleine Herz-Kammer, in der wir das aufbewahren, was unserem Leben Profil und Gewicht gibt: unsere Hoffnungen und Ziele; die Werte, die uns wichtig sind; die Maßstäbe, an denen wir uns orientieren wollen, um nicht stolz und oberflächlich zu werden; ein Gebet, ein Sprichwort oder ein Leitsatz für unser Handeln.

Wir brauchen nicht unbedingt ein härenes Hemd unter unseren Kleidern. Es genügt schon ein waches Gewissen, das uns ›ankratzt‹ und ›beißt‹, wenn wir noch mit dem Strom schwimmen und unsere gerade Linie verlieren. Ein Gewissen, das uns Ungerechtigkeiten unter die Haut gehen lässt und uns zum Widerspruch anstachelt. Wir brauchen Erinnerungszeichen und Warnzeichen, damit wir uns selbst treu bleiben können.

# Quellenverzeichnis

Seite 15: »Über das Wachwerden«, in: Anthony de Mello, Der springende Punkt. Wach werden und glücklich sein, 13 f. © 2006 Verlag Herder GmbH, Freiburg im Breisgau

Seite 65: Albert Schweitzer, Predigten 1898–1948. Werke aus dem Nachlass im Verlag C.H.Beck, 1992 © Verlag C.H.Beck, München

Seite 145: Peter Noll: Diktate über Sterben und Tod © 2005 Pendo Verlag in der Piper Verlag GmbH, München und Zürich

Seite 202/203: »Der Forscher«, in: Anthony de Mello, Warum der Vogel singt. Geschichten für das richtige Leben, 30 f. © 1984 Verlag Herder GmbH, Freiburg im Breisgau.

In wenigen Fällen ist es uns trotz großer Bemühungen nicht gelungen, alle Inhaber von Urheberrechten und Leistungsschutzrechten zu ermitteln. Da berechtigte Ansprüche selbstverständlich abgegolten werden, ist der Verlag für Hinweise dankbar.

## Verkündigung mit Tiefgang

Roland Breitenbach
**Sechs-Minuten-Predigten von A bis Z**
Mit Meditationen und Segensworten
Mit CD-ROM
Format: 13,9 × 21,4 cm
176 Seiten, Gebunden mit Leseband
ISBN 978-3-451-32174-0
Die 33 Ansprachen zu Themen von Auferstehung bis Zärtlichkeit greifen die wichtigsten Glaubensfragen auf und beantworten sie aus dem Leben heraus. Für den Prediger geben sie die nötigen Anregungen, um im Blick auf die eigene Gemeinde zu einer Sprache zu finden, die heute verstanden wird. Verbunden sind die Predigten mit zum Thema hinführenden Impulsen. Sie werden ergänzt durch eine Meditation und passende Segensworte.

## Thematische Wort-Gottes-Feiern

Petra Focke
**Mit Jesus in einem Boot**
Thematische Wort-Gottes-Feiern
Mit CD-ROM
Format: 13,5 × 21,5 cm
240 Seiten, Gebunden
ISBN 978-3-451-32238-9
Wort-Gottes-Feiern für die verschiedensten Anlässe – vielfältige Anregungen für Haupt- und Ehrenamtliche in den Gemeinden. Gestaltungsideen, Texte und Liedvorschläge helfen den frohmachenden Glauben an den lebendigen Gott zu erleben und zu feiern. Die CD-ROM erlaubt die Übernahme der Modelle in das eigene Textverarbeitungsprogramm.

*In jeder Buchhandlung!*

# HERDER